HAZ
LO QUE
IMPORTA

OSO TRAVA

HAZ LO QUE IMPORTA

El método para diseñar y vivir una vida de cracks

Grijalbo

El papel utilizado para la impresión de este libro ha sido fabricado a partir de madera procedente de bosques y plantaciones gestionadas con los más altos estándares ambientales, garantizando una explotación de los recursos sostenible con el medio ambiente y beneficiosa para las personas.

Penguin
Random House
Grupo Editorial

Haz lo que importa
El método para diseñar y vivir una vida de cracks

Primera edición en Penguin Random House: septiembre, 2022
Primera reimpresión: febrero, 2023
Segunda reimpresión: abril, 2023
Tercera reimpresión: junio, 2023
Cuarta reimpresión: diciembre, 2023
Quinta reimpresión: febrero, 2024

D. R. © 2021, Oso Trava

D. R. © 2024, derechos de edición mundiales en lengua castellana:
Penguin Random House Grupo Editorial, S. A. de C. V.
Blvd. Miguel de Cervantes Saavedra núm. 301, 1er piso,
colonia Granada, alcaldía Miguel Hidalgo, C. P. 11520,
Ciudad de México

penguinlibros.com

ISBN: 978-607-382-092-9

Impreso en México – *Printed in Mexico*

Índice

PARTE I

Dirección

PARTE II

Movimiento

PARTE III

Significado

Prólogo

Forjar el futuro que nuestro país merece se logrará, en gran medida, al impulsar a los jóvenes, emprendedores y empresarios a encontrar soluciones para transformar su entorno y trascender. Creo que esa visión es algo que Oso, como le conocemos sus amigos, y yo, compartimos desde que nos conocimos hace más de veinte años, cuando estudiábamos juntos Ingeniería Industrial, en la Ibero.

Ambos fuimos presidentes de nuestra carrera. Se dice fácil, pero implica mucho esfuerzo, dedicación, liderazgo y trabajo en equipo; además de que los presidentes deben combinar muchas actividades adicionales al plan académico que, ya de por sí, significa una gran carga de trabajo. Por lo que nuestra motivación para dedicarle tantas horas a estos proyectos (los cuales me atrevo a decir que fueron nuestros primeros emprendimientos) radicaba en buscar el impulso de un espíritu emprendedor en nuestra comunidad, generar ideas y plantear iniciativas que invitaran a la participación de nuestros futuros líderes. Queríamos crear acciones que desde ese momento pudieran traducirse en resultados positivos, tanto para nuestra comunidad de alumnos, como para nuestra sociedad y eventualmente generar oportunidades para nuestro país.

Hoy más que nunca necesitamos personas con determinación e iniciativa que busquen generar un cambio en beneficio de su comunidad y para sí mismos con la capacidad de comenzar de cero e innovar para coadyuvar con un mejor entorno. Si tú eres de esas personas y te preguntas: "¿Cómo puedo empezar? ¿Cómo emprender el camino, si no sé hacia dónde ir?". Pues mi mejor respuesta para ti es que un lugar para comenzar es buscando un mentor que sea una mezcla de *coach*, sherpa, gurú y, sobre todo, un gran amigo. A través de su asesoría, un mentor aclarará tus dudas, brindará herramientas invaluables y te ayudará a madurar y a tomar mejores decisiones. A lo largo de mi vida profesional, he tenido el privilegio de contar con prodigiosos y admirables mentores, con quienes he podido ampliar mis horizontes y así dar un salto cuántico hacia el éxito profesional.

En este libro, *Haz lo que importa*, Oso puede ser ese gran mentor que estás buscando. Aquí encontrarás valiosas lecciones de vida y un sistema práctico que te guiará a encontrar lo que es importante para ti en la vida. En sus páginas, Oso nos hace descubrirnos como emprendedores, líderes y agentes de impacto, y nos hace reflexionar en quién nos debemos convertir para alcanzar nuestro máximo potencial. Asimismo, es una guía implementable para ayudarte a encontrar el equilibrio entre las diversas dimensiones de tu vida, a pensar en grande y ser lo mejor que puedes ser.

Además, el libro rescata valiosas enseñanzas de diversos episodios de *Cracks Podcast*, con atletas, artistas y empresarios que te servirán de inspiración en tu propio camino a lograr aquello que verdaderamente importa en la vida para ti.

Oso se muestra completamente vulnerable y nos narra ciertas anécdotas íntimas que nos dejan grandes lecciones y aprendizajes. Es fácil que te identifiques con sus historias y ejemplos. De sus momentos de oscuridad, estancamiento y dificultad surge su filosofía personal: DMS (Dirección, Movimiento y Significado o *Do Meaningful Shit*), la cual nos convoca a dedicar especial atención y energía a las cosas que nos mueven profundamente.

No cabe duda de que los cambios sin precedentes que están ocurriendo en el mundo provocan miles de retos complicados. En estos tiempos requerimos ser resilientes, creativos e innovadores. ¿Cómo podemos estar listos para estos cambios que experimentamos hoy o los que vendrán en el futuro? Hay muchas respuestas, pero la primera opción que me viene a la mente es: preparación. Si estás leyendo este libro, te felicito porque te estás educando, estás invirtiendo en ti.

A pesar de todos los retos que estamos experimentando, nunca ha existido un momento donde se han visto tantas oportunidades. Como una muestra, los fondos de capital privado cuentan con millones de dólares listos para invertir cuando encuentran a emprendedores talentosos con equipos comprometidos y con propuestas de valor escalables y replicables. Por otra parte, el acceso al conocimiento ya no es solo a través de libros, cursos e instituciones educativas; sino que ahora se realiza a través de videos, *webinars,* eventos, estudios, noticias, redes sociales, libros digitales y podcasts. Unos años atrás no contábamos con la tecnología ni la cultura de compartir tanta información como en la actualidad. Inclusive *Cracks Podcast* es un exitoso referente de esta apertura para comunicar, conectarnos y aprender de los demás.

No importa si eres un emprendedor o tienes un empleo, *Haz lo que importa* será una gran herramienta de crecimiento personal en tu vida. Es un camino largo y desafiante, pero te pongo algunos retos más sobre la mesa: vive una vida al servicio de los demás, arriésgate, vive con dedicación y pasión. Aprende de las experiencias de otros, crea tus propias oportunidades y no olvides los motores que te impulsan a levantarte todos los días para entregarlo todo. Ese es el espíritu de este libro.

María Ariza

CEO de Bolsa Institucional de Valores (BIVA)

Introducción

*Para quien no sabe a qué puerto se dirige,
ningún viento es favorable.*

SÉNECA

Lo primero que me impresionó al llegar fue la imponente y kilométrica planicie de arena blanca. A lo lejos, como guardianas de aquel mágico espacio, estaban las montañas. En el cielo, absolutamente despejado, no había una sola nube que se atreviera a manchar ese extenso azul. Y yo, justamente, necesitaba claridad en mi vida. "¡Un buen augurio!", pensé.

Mis amigos y yo habíamos viajado en un *camper*, el vehículo ideal para la travesía. Después de recorrer varios kilómetros, nos acercamos al sitio donde estableceríamos nuestro campamento. La arena se transformaba en la característica neblina que ambientaría nuestros días en este lugar; conforme avanzábamos, se hacía cada vez más densa, hasta lograr quitarnos prácticamente la visión. En definitiva, era un paisaje de contrastes. Por momentos, dudaba si realmente conseguiría las respuestas que estaba buscando en aquel lugar, aunque sabía que de ahí me llevaría al menos una buena historia para contar.

Descendimos del vehículo y comenzamos a desempacar. Pero en ese momento, a pesar de que mis ojos estaban fascinados por lo colorido del paisaje, la música, las enormes estructuras, los olores y la vestimenta de las personas, mi mente se encontraba a cientos de kilómetros de ahí: en casa, en la sala, para ser exactos. Pensaba en aquella escena en la que mi esposa, una de las personas que más me conoce, me hacía una de las preguntas más simples, pero más devastadoras que me han hecho alguna vez: "Oye, Oso, ¿por qué odias tu vida?".

Era una pregunta que no podía sacar de mi mente: ¿por qué odio mi vida? En ese momento era una pregunta retórica, porque no tenía una respuesta. Pero las palabras se repetían una y otra vez, como un *loop* siniestro creado por mi cerebro con el objetivo de atormentarme. Y porque además de que no tenía una respuesta a esa pregunta, por más que quisiera negarlo, ella tenía razón. Aunque estaba en medio del desierto, podía escuchar claramente su voz, podía volver al sofá de casa, podía sentir de nuevo esa desagradable sensación en la boca del estómago ante la pregunta que detonaba cientos de otras preguntas: "¿Qué carajos está pasando conmigo? ¿Hacia dónde voy? ¿Por qué todo el mundo que conozco obtiene lo que quiere en la vida menos yo?". Y peor aún: "¿Por qué me lastima el éxito de otros?".

A pesar de que mi mente volaba con las escenas dentro de la sala de mi casa, mis sentidos, que ya estaban al rojo vivo, me traían de vuelta al lugar donde me encontraba. Ese desierto mágico en el estado de Nevada que nos daba albergue para vivir una de las experiencias más surreales de mi vida: el festival de *Burning Man*; un evento que, irónicamente, te invita a confrontarte con quien crees que eres. ¡Vaya que yo no tenía idea!

De repente la vi: aquella enorme estructura de madera que representaba al hombre que quemarían el último día del evento. Una poderosa analogía de mi vida; parecía que yo también necesitaba quemar la versión de mí que había creado. La quema es un anticipado espectáculo que disfrutaríamos todos los que estábamos ahí presentes y eso también era curioso, porque justamente eso había hecho con mi vida: un espectáculo. Hacia afuera era todo un *crack*, pero hacia dentro, la frustración era mi amiga íntima. Estaba a punto de cumplir cuarenta años, había sido nombrado dos veces como uno de los emprendedores del año por la revista *Expansión*. Aparecía en las páginas de varios ejemplares impresos y más adelante tendría el honor de ser reconocido por *Forbes* como "una de las promesas de los negocios del año". Había empezado dos emprendimientos que parecían ser exitosos.

Pero la verdad es que detrás de aquella espectacular fachada, a puertas cerradas, mi historia era otra. Mis ahorros estaban por terminarse, las ventas de mis empresas se habían estancado y, por si fuera poco, no podía evitar compararme con gente exitosa desde un lugar poco sano. Me era prácticamente insoportable escuchar una historia de éxito que no fuera la mía, aunque esa historia, mi historia de éxito, no existiera en realidad. Y en este camino egoísta, no solo me había descuidado, sino que también lo había hecho con mi familia y la gente más cercana.

Pero no lo entendía. ¿Cómo era posible que después de seguir cada paso del libro de la vida sobre cómo alcanzar el éxito, no me sintiera exitoso? Para cualquiera que mirara desde fuera, mi vida podría parecer perfecta; pero todas las mañanas cuando sonaba el despertador y abría los ojos, el primer pensamiento que pasaba por mi mente era una y otra vez el mismo: "¡Qué mamada!". Esa era la mentalidad con la que me preparaba para enfrentar un día más. No quería ir a la oficina, sentía flojera cuando agendaba reuniones, no confiaba en las nuevas ideas, no me motivaban los retos y me sentía mentalmente quemado, como aquel hombre hecho de palos en medio del desierto.

Recuerdo que en un momento de desesperación —uno de tantos— resolví adentrarme en el desierto para ver si "algo pasaba" con mi vida. Algo que me hiciera cambiar, cuestionarme, moverme. Por eso, decidí empacar y tachar de mi *bucket list* aquel festival que, por siete días, me planteaba la idea de vivir en una sociedad utópica en la que no existe el rechazo, no existen los lujos, no hay espacios para las marcas, el *branding*, la tecnología o el consumismo. Todo se comparte, todo se construye, se destruye y es pasajero. Sentía esa necesidad de explorar, de buscar respuestas en lugares distintos y de cambiar la rutina de mi vida. *Burning Man* era el sitio perfecto, pues había viajado lejos, tan lejos que abandoné por completo mi zona de confort.

Una vez instalados, mis amigos y yo tomamos unas bicis y nos pusimos a pedalear. Queríamos pasear por aquel inmenso desierto, adornado con coloridas y psicodélicas estaciones: luces de neón, faros de colores, improvisadas estructuras metálicas y baños portátiles decorados hasta el más mínimo detalle. Me sentía como en una de las escenas de la película ochentera *Mad Max*.

Habían pasado pocas horas de haber llegado ahí y, al menos, algo en mí ya estaba cambiando: mi mente estaba al borde de la locura, como la de un niño maravillado con su primera visita a un parque de diversiones. Todo era surreal. Parecía que la experiencia sería mucho mejor de lo que esperaba, hasta que algo que no había anticipado acabaría con mi espíritu aventurero y con mi buena suerte: empecé a congelarme. Sentí un frío que jamás había experimentado. "¿Frío? ¿En medio del desierto?", pensé. Había salido de mi campamento cuando aún hacía el calor típico del día y, como buen novato, no preví que, hasta en la calurosa aridez, la temperatura cae dramáticamente cuando anochece.

Necesitaba regresar a nuestro campamento para buscar mi chamarra, pero sabía que al hacerlo perdería a mi grupo de amigos, ya que en ese lugar mágico no había señal en el celular. Esto quería decir que, en caso de perderlos, no había manera de comunicarnos o reencontrarnos. Así que tuve que tomar mi primera gran decisión del viaje. El frío pudo más que la amistad, por lo que regresé al *camper*, me puse toda la ropa que conseguí y salí a experimentar *Burning Man* de noche, solo.

Recuerdo que entré a un bar y ordené un trago que, como todo en aquel festival, era gratis. En ese momento, comenzaron a hacerse presentes las excentricidades de los lugareños: para que el *bartender* pudiera entregarme el *drink* que él había elegido y preparado para mí, yo tenía que aullar como lobo. "Pero no como un lobito; tienes que ser el lobo alfa de tu manada", me dijo, con una mirada tan seria como la del maestro de cuarto de primaria que está regañando al alumno.

En ese momento, todos los que estaban parados a mi alrededor, frente a aquella barra llena de arena, comenzaron a aullar. Estaba muy nervioso y un poco desconcertado, no por el lugar, cuyo ambiente parecía caótico, apocalíptico y muy extravagante, pero a la vez fraterno, sino porque a toda costa quería hacer lo que fuera por encajar. No quería que se burlaran de mí, como lo habían hecho con otras personas ante las estrambóticas solicitudes del *bartender*. Al ver las miradas fijas de todos los presentes, la presión crecía en mi interior. Empecé a sudar de nervios, cuando de repente sentí una mano sujetándome por la espalda y escuché la voz de una mujer: *"You've got this* (Tú puedes)".

Sin pensarlo más, llené mi pecho de aire, apreté el diafragma y solté el aullido más profundo y potente que pude imaginar. Algo parecía haberse apoderado de mí. Ahí estaba, convertido en un lobo alfa que se presentaba ante su manada y la dominaba. Me sentí conectado con mis instintos, con esa parte de mí que era mucho más primitiva y que se entregaba a las experiencias sin anticipar consecuencias o preocuparse por las críticas, por el qué dirán. En ese momento, era el rey del puto desierto; tanto, que todos comenzaron a aplaudirme y, a cambio de mi magistral audición, el *bartender* me entregó mi exótico trago. No sabía qué era exactamente aquella bebida de aspecto rojizo y de sabor empalagosamente dulce, pero la disfruté como el más sagrado trofeo que me había ganado a pulso.

Entonces, la mujer que me había animado a sacar el lobo en mi interior dijo: "*Hi! I'm Shannon.* (¡Hola! Me llamo Shannon). *See? I told you, you had it in you.* (¿Ves? Te lo dije, lo tenías en ti)".

Era una mujer muy blanca, con el cabello enredado entre trenzas de colores y rastas. Vestía un par de bufandas, un suéter y encima un chaleco de cuero café, con un pantalón tipo cargo y guaraches, a pesar del frío.

Su conversación era cálida, cercana, como si me conociera desde hacía mucho tiempo; jamás la sentí como una extraña. Después de platicar por breves minutos, me invitó a hacer el recorrido en bici con ella por Black Rock City.

Mientras pedaleábamos por el desierto, noté que mi nueva amiga era una persona muy bondadosa, de gran corazón. Le regaló su suéter a un joven que estaba sentado en la arena y que parecía estar muerto de frío; le donó la linterna de su bici a una chica que necesitaba un poco de luz y, a medida que avanzábamos, brindaba sus típicas palmaditas por la espalda y su cálido *you got this* a quien lo necesitara. Me sentía bien estando en su equipo y verla cómo ayudaba a otros aunque, en realidad, yo no hacía mucho por ayudar; solo observaba e inevitablemente juzgaba. Al final de la noche, cuando los colores del amanecer se dibujaron en el cielo como una impresionante acuarela, me despedí de mi nueva amiga y logré regresar a mi campamento. Jamás volví a verla.

Al día siguiente, mientras tomaba un café con mis amigos, les compartí mi experiencia paseando con Shannon. Fue ahí cuando me cayó el veinte. Yo había sido Bruce Willis en *El sexto sentido*. Era otro muerto más, que todavía no se había dado cuenta de su realidad. Shannon, en cambio, era el chico de aquella película con el don especial de comunicarse con el más allá. Su don era el de la bondad y se paseaba por la arena buscando "muertos", personas que necesitaran de su ayuda para enfrentar esta experiencia fuera de lo común y superar sus retos más grandes; yo había sido de esos náufragos que necesitaron de su auxilio. Sí, sí, ahora lo entendía: yo era uno de esos muertos; por eso puso su mano en mi espalda; por eso ella me dio el valor de aullar como un verdadero lobo. Y yo no la había ayudado a ayudar a las personas; más bien, yo había sido uno más de sus "protegidos".

En ese momento, no supe conectar los puntos de lo que este aprendizaje significaba en mi vida. La única conclusión que obtuve es que todos necesitamos una Shannon en nuestro camino. Entender eso era suficiente para empezar a dejar de odiar lo que tanto odiaba: mi vida. ¡Yo necesitaba ayuda!

Esta gran experiencia del viaje terminó y de regreso a casa, honestamente, no sentí algo diferente; más bien, no hubo un cambio inmediato. Tardé un tiempo en procesar las ideas que rondaban mi mente, aunque sin un plan o una estrategia clara para implementar algo nuevo en mi vida. Sin embargo, sí pude reencontrarme con mi familia y sentirme más cerca de ellos, como lo había deseado desde muchos meses atrás. Aun así, necesitaba continuar mi exploración, cavar, leer y buscar respuestas.

Para los asistentes a este surreal evento en el desierto, el término *decompression* es determinante. Después del gran encuentro, es importante que los asistentes tengan tiempo de serenidad para asimilar las lecciones e incorporarse a la "sociedad normal". Durante este tiempo se recomienda no tomar ningún tipo de decisión trascendental, pues es mejor que las ideas se aplaquen y se amolden a la realidad que nos rodea. Y eso hice: dejé que pasara el tiempo. El problema fue que empecé a confundir la modalidad de descompresión con "la misma mierda de siempre".

Unos meses antes del viaje, ya había trabajado en mi cabeza la idea de hacer un podcast, un proyecto que me forzara a salir de mi zona de confort y me permitiera explotar mi creatividad. Pensaba entrevistar a las personas más exitosas, quería contagiarme de ellos y aprender. Ya no quería odiar el éxito de los demás, quería absorberlo y, con ello, impactar a miles de personas. Quería encontrar un propósito, una misión en mi vida. Pero por más que visualizaba el podcast día y noche, los fines de semana, a la hora de la comida y antes de dormir, simplemente no actuaba. Me escudaba en el pretexto de no tener mucho tiempo libre, aunque en realidad era miedo. "¿Qué pasa si no funciona? ¿Qué pasa si no consigo gente exitosa que quiera ser entrevistada por mí?". O peor aún: "¿Qué pasa si la consigo y nadie escucha la entrevista?".

Y así, mi vida de siempre, la que tanto odiaba, se perpetuaba todos los días.

Cuatro meses después de *Burning Man*, el 7 de enero del 2019, tuve esa gran epifanía capaz de cambiarlo todo y donde llegué a mi punto personal de no retorno. Estaba en mi oficina, como cada mañana, y a pesar de que el día era soleado, yo lo sentía gris, oscuro, deprimente; empezaba el año con el mismo molde de vida que me llevaba a odiar todo lo que hacía. Esa nueva perspectiva de lo que fue *Burning Man* comenzó a verse borrosa y sentía pánico de que pudiera terminar de difuminarse por completo. Que todo lo aprendido, leído, vivido y experimentado se hiciese diminuto mientras siguiera en aquella silla, detrás de aquel escritorio, cumpliendo con las mismas exigencias y pautas de siempre, tratando de hacer "más" simplemente por inercia, sin propósito, y por la pura costumbre de decir: *Get shit done* (Haz las cosas).

Y fue ahí, en ese momento de oscuridad absoluta, de seguir odiando mi vida, de empezar a alejarme de mi familia de nuevo, de buscar alternativas y caminos que me conducían al mismo lugar, cuando algo dentro de mí se rompió y se abrió una grieta que dejó entrar un rayo de luz. Algo hizo *crack* y, en ese momento, decreté: "Voy a comenzar a grabar mi podcast. Saldrá en tres semanas al aire y comenzaré con tres invitados". La idea del podcast que barajé en mi cabeza por tanto tiempo finalmente sería una realidad. De una lista de nombres que había escrito elegí *Cracks*; ese sería el nombre del proyecto que cambiaría mi vida y la de miles de personas. Tomé el micrófono que tenía en ese momento, escribí unas líneas, presioné el botón de *record* y comencé a grabar la introducción que abriría esos primeros episodios:

Hola. Soy Oso Trava y bienvenidos a Cracks, *el podcast en el que entrevisto a los mejores en deportes, negocios y tecnología, o* cracks *para encontrar las tácticas y hábitos que los hacen exitosos. Lo que busco es descubrir sus secretos para que puedas implementarlos en tu vida diaria.*

Cracks se convirtió, en poco tiempo, en el proyecto que, sin duda, más respuestas positivas ha tenido de todos los que he hecho. No pasa un día que no reciba mensajes de personas que me agradecen por ayudarles a realizar grandes cambios en sus vidas.

Al principio, sin ser consciente de ello, buscaba en mis invitados las respuestas a las preguntas que yo tenía y aunque mi intención era transmitir su sabiduría a todo aquel que quisiera escuchar lo que esos *cracks* tuvieran que decir, en realidad yo era el principal alumno de mi nuevo proyecto. Con cada episodio cambiaría mi enfoque, mi energía, mis relaciones familiares, de pareja, como padre y hasta la forma de alimentarme. Aquel hombre que se levantaba todas las mañanas con el pensamiento de "¡Qué mamada!" en su cabeza y que se comparaba, desde la envidia o la negatividad, con las personas exitosas de su entorno, comenzó a aprender desde la humildad. Pero resultó que yo no era el único con dudas e interrogantes; el camino para mi redescubrimiento, mi reaprendizaje o mi despertar se había convertido en una guía práctica para quienes escuchaban a esos *cracks* en cada episodio del podcast.

Este no era solo el momento en el que empezaría a absorber conocimiento de alto valor para mí y para los que me escuchaban; era el nacimiento de un nuevo sistema de creencias que me ayudaría a encontrarle sentido a mi vida. Fue cuando entendí lo que se convertiría en mi nueva filosofía: *Do Meaningful Shit*: Haz lo que importa, algo significativo. Se convirtió no solo en mi mantra, sino en mi forma de ver la vida y en mi misión.

De pronto el éxito, el dinero, la familia y la vida cobraron otro significado. ¿De qué sirve hacer más y tener más si las razones no son las correctas? ¿Para qué trabajar más duro para llegar a un sitio al que ni siquiera queríamos ir en primer lugar?

Ahora, para mí, *Do Meaningful Shit* es mucho más que mi filosofía; es una metodología, un completo sistema de creencias, una reconfiguración y un sistema operativo de vida.

Es un método que aterriza la mentalidad, las estrategias y las acciones que me permiten, y a cualquiera que lo implemente en su vida, diseñar y vivir una vida de *cracks*.

Así nació el método DMS (*Do Meaningful Shit*).

Este sería para mí el fundamento para vivir una vida con propósito, más próspera en cualquier sentido. Y así pasar del simple *Get shit done* al profundo y transcendental *Do meaningful shit*.

DMS se convertirá en tu mapa para construir una vida de éxitos, alimentada con un profundo significado, haciendo lo que realmente importa. El método está compuesto de tres etapas:

D (Dirección)

No hay viento favorable para quien no sabe a dónde va. Sin dirección, somos ineficientes.

M (Movimiento)

Sin movimiento, no hay resultados, pero hay que hacer el movimiento correcto.

S (Significado)

¿Por qué importa lo que pretendemos hacer? Sin significado, estaremos siempre insatisfechos.

El proceso se repite una y otra vez, cobrando más velocidad y altura cada vez conforme se alimenta de sí mismo. A cambio de seguir el método obtienes una vida próspera dirigida a resultados, construida con base en una dirección clara, hacia un destino claro, llegando ahí con movimientos inteligentes y alimentada por un significado profundo.

De esto se trata el método *Do Meaningful Shit*. En los últimos años de mi vida, he vivido con esta filosofía y, sin duda, han sido los más plenos y prósperos. Pasé de vivir los momentos más oscuros a reinventarme, a encontrarle significado a todo lo que hago y a crear el proyecto que encarna mi propósito en la vida: inspirar a una nueva generación a vivir vidas más grandes.

Por fin, pude conectar los puntos; cada uno de los *cracks* que me ha acompañado en el podcast son esa Shannon que todos necesitamos en nuestra vida, que aparece en el momento justo para tocarnos la espalda en una etapa de duda e incertidumbre.

Aquí comienza tu viaje al desierto. Prepárate para quemar tu hombre de palo, tu viejo tú, y comenzar tu nueva vida de *cracks*.

Oso Trava

PARTE I

DIRECCIÓN

Del *dream job* a ser mi propio jefe

Ama lo que haces, hasta que puedas hacer lo que amas.
Ama donde estás, hasta que puedas estar donde amas.
Ama a la persona con la que estás,
hasta que puedas estar con las personas que más amas.
Así es como encontramos la felicidad,
la oportunidad y la paz.
MARC Y ANGEL CHERNOFF

Estudiar una maestría en la Universidad de Stanford y después vivir en la ciudad de Nueva York parecía ser esa fórmula perfecta de factores inalterables que me llevaría a la realización en mi vida. A eso yo lo llamaba "el plan".

Hice todo lo que sabía que debía hacer. Nada quedó por fuera, nada importante se ignoró, según yo. Entonces, lo conseguí: "El trabajo de mis sueños". Ahora, era parte de la nómina de UBS Financial Services Inc., uno de los bancos más grandes e importantes del mundo. Un gran paso en mi vida; sin embargo, a los pocos meses de haber estado ahí, me di cuenta de que algo no se sentía tan bien. La empresa era muy buena, la ciudad, ni se diga, pero mis interesantes y divertidos colegas de trabajo, el seguro médico y los cafés capuchinos de la cocina minimalista del piso veintiséis no me eran suficientes para sentirme realizado. Definitivamente, algo le hacía falta a esta gran fórmula, aunque en aquel momento no tenía idea de cuál era ese gran ingrediente ausente. Entonces entendí que necesitaba un plan B y, sin una idea muy específica, empezó a merodear por mi mente lo impensable: renunciar. Era lo único que se me ocurría que podía hacer para ir a buscar aquello que estaba haciéndome falta para sentirme verdaderamente realizado. ¡Ciertamente no sabía qué era! Pronto lo descubriría.

Cada día que pasaba, la idea de irme de ahí se hacía más y más fuerte, y como en la vida hay que tener cuidado con lo que pides porque quizá lo obtengas, un buen día llegué por la mañana a la oficina, me quité el saco, lo puse sobre el perchero y me dispuse a empezar mi jornada contestando mis correos electrónicos, cuando recibí una inesperada llamada del departamento de Recursos Humanos. Y solo hay dos razones por las que te llaman del departamento de Recursos Humanos: porque van a darte una promoción o porque van a despedirte. En mi caso, lo más probable era lo segundo. Y eso fue exactamente lo que sucedió.

Cuando contesté el teléfono y del otro lado del auricular me pedían que fuera a la sala de juntas del piso principal, comprobé que había llegado el fin. En ese momento, algo extraño sucedió, algo impensable. Una descarga de adrenalina se apoderó de mi cuerpo y comencé a bailar. ¡Sí, a bailar! Como si estuviera en una audición para el programa

America's Got Talent. Mis compañeros de los escritorios a mi alrededor creyeron que me estaba dando una crisis nerviosa, pero no. El sentimiento de alegría era genuino y los pasos de baile también.

Yo sabía, en el fondo, que "el sueño" de trabajar ahí no duraría mucho, ya que mi fecha de llegada a Nueva York no pudo ser más inoportuna. Era el año 2008 y llegué con la ilusión de convertirme en uno de esos jóvenes ejecutivos de las películas, que caminan por las ajetreadas calles de Manhattan con un traje de diseñador, un portafolio en una mano y, en la otra, un humeante café de la cafetería de la esquina. Sin embargo, el 15 de septiembre de ese mismo año, Lehman Brothers, el banco de inversión más legendario de la América corporativa, se declaró en bancarrota. Esa fue la primera ficha de dominó que cayó, creando un colapso económico de terribles consecuencias mundiales que duraría muchos años; era el génesis de la gran crisis provocada por la deuda impagable de las hipotecas *subprime* que nos afectó a todos.

Casi inmediatamente después de este episodio, llegaron los despidos masivos en todo el mundo. Yo empecé a notar cómo llamaban por teléfono a decenas de personas dentro de la empresa, a las que no volví a ver nunca más dentro del edificio. Sentía que era solo cuestión de tiempo para que me llamaran. Y cuando finalmente recibí esa esperada llamada, pensé: "Oso, esta es tu gran oportunidad". Porque, además, el trabajo de mis sueños no había sido otra cosa que una especie de pesadilla. Yo había salido de Stanford con ganas de comerme el mundo de una sola mordida. Era lógico, cuando el lema de mi casa de estudios es *Change Lives. Change Organizations. Change the World.* Y eso era justamente lo que yo quería hacer. En ese orden.

Pero la realidad me dio una cachetada cuando llegué a este banco suizo, una organización estricta, conservadora y con poco espacio para las nuevas ideas —esas que yo quería aportar— y con ninguna motivación o apreciación por la creatividad. Mi jefe era un ejecutivo peruano de mediana edad y muy arcaico en su forma de liderar. Era celoso con los procesos y no permitía que nadie se atreviera a cambiar las fórmulas que a él le habían funcionado por décadas.

Mi trabajo era manejar las inversiones de familias latinas con mucho dinero; manejaba un portafolio que superaba los cuatrocientos millones de dólares y aprendía mucho de las historias increíbles de mis clientes, en las que me contaban cómo habían construido sus imperios. Esta experiencia me tenía todo el tiempo en una especie de encrucijada, ya que, por un lado, a mis treinta años estaba teniendo acceso a la mentalidad y los secretos de estos *cracks* que habían acumulado fortunas; y por el otro, empezaba a entender que eso se trataba de su vida y no de la mía. Yo quería construir mi historia de éxito y entendía que si quería tener una verdadera oportunidad de hacerlo, no iba a suceder estando sentado ahí, trabajando para otros y escuchando cómo lo hacían los demás. En el fondo, sabía que eso no era para mí; me sentía insatisfecho y me quejaba todo el tiempo de mi jefe, hasta que un día, mientras me tomaba unos tragos en un bar con mis amigos, uno de ellos me lanzó un reto que me cayó como un balde de agua fría: "Te quejas tanto de tu jefe que deberías contemplar la idea de ser tu propio jefe".

Mi amigo tenía razón, aunque en ese momento la idea de emprender no había cruzado nunca por mi cabeza. Pero eso sí, los despidos masivos y mi insatisfacción profesional y emocional me llevaban todo el tiempo a coquetear con la idea, al menos de renunciar. En cuanto empezó a salir la gente para ya nunca regresar, pensé que si me tocaba sería una buena oportunidad para algo nuevo y diferente en mi vida. Pacientemente, me sentaba todos los días en mi oficina, esperando esa llamada que me indicara que me había tocado el billete de oro de Willy Wonka. En un momento los llamados pararon y para muchos la sensación de calma y paz reinó nuevamente por los pasillos del edificio, pero para mí el sentimiento era completamente distinto. A mí me urgía que ese teléfono sonara.

El día llegó. Al fin, el teléfono hizo *ring* esa mañana. Ahí estaba la llamada, abriéndome la puerta a un nuevo mundo. En ese momento, algo dentro de mí hizo *clic*. Ya no había opción; tenía que cambiar el rumbo hacia una nueva dirección. La pregunta era: "¿Cuál? ¿Qué dirección tomar?".

Para trazar una ruta, primero hay que saber dónde estás exactamente y yo, en aquel momento, acababa de descubrirlo: me encontraba sin empleo, pero era libre para emprender una búsqueda hacia la verdadera realización profesional, hacia la felicidad. Esa era mi verdadera dirección.

Salí de la oficina con una caja de cartón con mis cosas y un profundo sentimiento de liberación. Ahora que el paracaídas de oro se había abierto para mí con mi liquidación, una nueva etapa profesional estaba por comenzar y, gracias a esa llamada, encontré un camino en el emprendimiento de mis negocios. Me sentía tan incómodo con la burocracia de la empresa y con mi jefe que, tal y como me retó mi amigo, terminé convirtiéndome en emprendedor.

Emprender se convirtió en un vehículo que me llevaría a encontrar un propósito y a enfocarme en hacer lo que realmente es importante para mí en la vida.

Ya sabía perfectamente dónde estaba. Ese siempre es el primer paso.

Capítulo 1

¿Dónde estás?

Un barco está seguro en el puerto,
pero no es eso para lo que fue construido.

JOHN SHEDD

¿Emprenderías un viaje sin saber a dónde vas? ¡Seguramente no! Y en la vida, muchas veces puedes no saber a dónde vas (me ha pasado a mí) pero, por lo menos, debes saber dónde estás para empezar a trazar un destino a partir de ahí.

"Comprueba tu punto de partida" es el requisito que te piden las aplicaciones de movilidad para poder llevarte a cualquier lugar; no puedes llegar a ningún lado si no sabes de dónde estás saliendo. Sin embargo, muchas personas se sienten a la deriva en su vida, salen a trabajar duro todos los días y "hacen cosas", pero no parecen llegar a ningún lugar que valga la pena. Por eso, el primer paso del método DMS es tener tu propio GPS, establecer tu punto de partida y el lugar adonde quieres llegar. Ese lugar que te hará vivir la vida que verdaderamente quieres.

GPS

Hace un tiempo, en uno de los grupos que asesoro, Gustavo, un empresario argentino, me preguntó cómo podía hacer lo mismo que Abraham Levy, uno de mis invitados al podcast.

En 2014, Levy salió de Puerto Palos, España, a bordo de su pequeño bote Cascarita. Ciento cinco días después, arribó a Cancún, México. Recorrió 8 200 kilómetros remando solo y la planeación del viaje le tomó seis años. Le respondí que, en el episodio, Abraham me comentó que simplemente se comprometió. Para él nunca existió la posibilidad de regresar. Tenía la meta clara, el compromiso y puso todas sus energías para lograrlo.

Escanea el código para escuchar el episodio de *Cracks* con Abraham Levy.

La pregunta de Gustavo se refería, en realidad, a cómo podría comprometerse si no estaba seguro de que deseaba llegar a ese lugar. Esa es una pregunta verdaderamente profunda porque si no estás convencido de a dónde vas o por qué quieres llegar ahí, es difícil que dediques el esfuerzo necesario, el enfoque, la energía y la pasión, como para superar todos los obstáculos que encontrarás en tu camino.

Para ello, es imprescindible saber dónde estás y a dónde vas. Porque si a mitad de ese camino te das cuenta de que no compartes una visión y que estás inseguro de la dirección que has tomado, empezarás a ir a la deriva. ¿Cómo lo sé? Porque yo mismo he estado ahí. Pero ¿cómo salir de ese estado? ¿Cómo retomar el control y saber exactamente cómo manejar tu GPS interno? La respuesta es indagar e indagar, cuestionarte, hasta llegar a la respuesta que buscas.

La respuesta es conocerte profundamente.

LA ESTRELLA DE TU VIDA

Cuando hablamos de diseñar una vida, de crear un plan que nos ayude a obtener lo que queremos, existen diferentes áreas en las que vale la pena invertir nuestro tiempo y energía para tomar acción y generar resultados.

Michael Bentt fue uno de los mejores boxeadores *amateurs* en los años ochenta. Cuando llegó el momento de debutar como profesional, las expectativas en torno a él eran sumamente altas; sin embargo, en su primera pelea como boxeador profesional fue derrotado por nocaut en el primer asalto, lo cual provocó una profunda humillación pública para aquella prometedora estrella del boxeo. Este primer gran fracaso lo hizo cuestionarse si de verdad el boxeo era su destino en la vida y esta crisis lo llevó, incluso, a contemplar el suicidio.

Cuatro años después, regresó con más fuerza para tener un encuentro con su destino y, finalmente, se convirtió en el campeón mundial de peso completo. Sin embargo, un año más tarde, el fracaso tocaría a su puerta de nuevo y lo haría ahora con mucha más fuerza. Perdió su título por nocaut en una pelea que lo dejó en coma y con un daño cerebral permanente. Esa fue la última pelea de su vida. Lo más curioso de todo es que Bentt jamás quiso ser boxeador. Fue forzado desde niño por su padre, quien lo golpeaba con una antena de televisión cada vez que Michael quería renunciar.

Esta historia me hizo cuestionarme que si de verdad estaba haciendo lo que creía que era mi destino, entonces, ¿por qué no me sentía satisfecho?

Así como Bentt, yo también sufrí mi nocaut. Por muchos años, trabajé incansablemente por lo que pensé que era mi visión de éxito. En mis veinte, fui presidente de mi clase en la universidad. Obtuve un MBA en una de las universidades de mayor prestigio en el mundo y trabajé en cinco ciudades en cuatro países distintos. En mis treinta, me convertí en emprendedor, empecé dos negocios, vendí el primero y atraje la atención de publicaciones internacionales de negocios. También me casé y me convertí en papá de mis dos hermosos hijos. Sin embargo, las cosas en mi vida no andaban nada bien. No solo mi negocio estaba estancado, sino que no estaba poniéndole atención a mi familia y, peor aún, no me estaba poniendo atención a mí mismo. Mi única preocupación y prioridad en la vida parecía ser conseguir éxito económico y eso me hizo perderme en el camino, trabajar sin descanso, sin rumbo y sin propósito. Trabajar en todo menos en lo que realmente importa, pero ¿qué es exactamente lo que importa en la vida?

Normalmente estamos muy preocupados y enfocados en solo dos áreas que conforman cada lado de una misma moneda, el área personal y el área profesional, aunque en el fondo sabemos que somos mucho más que eso. Generalizar, si bien nos facilita la comprensión de las cosas, también origina falta de definición, de enfoque y de profundidad. Por eso, para mí ha sido muy importante, especialmente en los últimos años de mi vida, después de ese gran nocaut de insatisfacción que experimenté por mucho tiempo, enfocarme en lo que llamo "las siete áreas de una vida extraordinaria". Hoy veo la vida como una estrella de siete picos donde cada uno de ellos representa las cosas que verdaderamente me importan. Ya no solo es el trabajo sin sentido, el dinero o la aprobación de los demás. Lo que importa en la vida está en cada uno de los siete picos de mi estrella.

Cada una de estas áreas juega una parte integral de quién soy y cómo me percibo en la escala del éxito que persigo. Entre más realizado me siento en cada área, mucho más clara y sólida es la sensación de plenitud en la vida.

Las siete áreas de una vida extraordinaria son las siguientes.

Salud y bienestar

Tu salud es la línea de vida; influye en todo lo que haces en las otras seis áreas. Salud y bienestar no es solo cómo te ves, sino cómo te sientes. No es solo cómo cuidas tu cuerpo, sino también tu mente. En esta área, puedes considerar factores como tu peso, tu fuerza, tu flexibilidad y tus niveles de energía. Quiero que pienses en englobar en salud y bienestar todo lo que hace que tu corazón palpite y que tu sangre circule.

Por su parte, el bienestar implica varias cosas, como mantener bajos tus niveles de estrés y ansiedad. Todo lo que te afecte, todo lo que te mueva y te haga crecer en términos de tu cuerpo y tu mente es parte de salud y bienestar.

Ámbito profesional

Nuestro trabajo engloba hasta el 70% del tiempo que pasamos despiertos; una falla o una deficiencia en nuestra área profesional puede repercutir en cómo percibimos nuestra vida en general.

El área profesional es todo aquello que nos brinda reconocimiento laboral y financiero. Aquí se incluyen tus finanzas, tu trabajo, tus premios; es eso en lo que buscas progreso, es eso que te ayuda a crecer y que también te permite contribuirle al mundo.

Por mucho tiempo, esta área fue mi prioridad absoluta y me cegaba para ver las otras áreas de mi vida. Hoy, la historia es diferente; si bien sigue siendo una parte importantísima de mis objetivos de vida y de quien soy, trato de mantenerla en equilibrio con mis otras áreas.

Relaciones amorosas

Entre más amas, más creces, y entre más creces, más puedes mejorar la vida de las personas que verdaderamente te importan. Tus relaciones amorosas comprenden las conexiones que tienes con esas personas que te complementan de manera profunda y que te ayudan a crecer.

Aquí no entran tus familiares cercanos o tus amigos; aquí debes centrarte en esas personas que verdaderamente te complementan, como tu pareja sentimental y tus hijos.

Para mí, es importante estar cerca y conectado de mi esposa y mis hijos; el tiempo de calidad que paso con ellos no es más o menos importante que el tiempo que les dedico a mis otras áreas pero, definitivamente, estar con ellos es lo que más disfruto hacer en la vida.

Relaciones personales

Aquí se incluyen las relaciones que no son parte de tus relaciones amorosas. Aquí están tu familia, clientes, amigos, parientes cercanos, lejanos y conocidos. Estas relaciones son algo que todos valoramos en nuestra vida, pero también es la primera área en ser sacrificada cuando estás en la búsqueda de objetivos personales o cuando las cosas se vuelven difíciles.

Aprendizaje

Tu cerebro es como un músculo que también se ejercita, crece y evoluciona. El área del aprendizaje en tu vida incluye todo aquello que atrae tu curiosidad y que te enseña nuevas habilidades. Puede ser un nuevo deporte, un nuevo idioma, una nueva técnica, utilizar un nuevo programa o una nueva filosofía. Piensa en el aprendizaje como todo lo que te brinda una manera diferente de ver el mundo, de interpretar los problemas y de crecer intelectualmente.

Vida personal y diversión

Si bien los seres humanos somos seres sociales, a veces se nos olvida que necesitamos mejorar nuestra relación con nosotros mismos. La vida es una aventura y debemos vivirla como tal y esto incluye desarrollar actividades personales que, por sí mismas, te generen placer y satisfacción. Sí, hay un momento para ver la tele, leer un libro, para redes sociales o para hacer lo que tú quieras, como contemplar el cielo o simplemente tomar una siesta. Piensa en el tiempo que pasas contigo, disfrutando del momento presente. Tu vida personal y de diversión es ese momento en el que te retraes y disfrutas de estar contigo mismo, recargas energía y haces algo que no tiene ningún objetivo más que disfrutar del momento.

Espiritualidad

Más allá de creencias religiosas, es importante mantener nuestro centro en el camino de la vida. Piensa en todo aquello que te aterriza, te centra, te conecta con el universo. Hay gente que lo llama Dios, pero también campo cuántico, Buda, Alá, Pachamama o la matrix. Eso que te hace sentir parte de algo más grande; eso es tu espiritualidad.

Podrás pensar: "Pero, Oso, hay áreas que también son importantes para mí que no mencionaste".

Bueno, estas son las siete áreas que considero son la base de una vida extraordinaria. Sin embargo, como tú y yo somos diferentes, está bien que tengamos áreas diferentes que sean importantes para ti. Si crees que debes sustituir o agregar un área que es muy relevante en tu vida, algo único, siéntete con toda la libertad de hacerlo.

Por el momento, utilizaremos estas siete áreas para evaluar el estado actual de tu vida. Es importante que identifiques dónde te encuentras en cada una de ellas en este momento. Para hacerlo, utilizaremos una herramienta llamada "la estrella de la vida", que es una gráfica en la que medirás, en escala del uno al diez, tu satisfacción en cada área.

Es importante que entiendas que no te estás comparando con nadie. No estás evaluándote con respecto a tu vecino ni las expectativas de tus papás, ni tus compañeros de la universidad. La calificación depende única y exclusivamente de dónde crees que estás hoy, en comparación con dónde te gustaría estar.

Un diez significa que estás totalmente satisfecho donde estás hoy en esa área, mientras que un uno significa que te sientes extremadamente insatisfecho acerca de cómo te encuentras en ese aspecto de tu vida.

Puede sonar subjetivo, pero aquí tú eres juez y parte. Hacer este ejercicio con honestidad es una parte clave del proceso para cambiar lo que hoy no te gusta de tu vida. Acuérdate que lo único que mides aquí es tu nivel de satisfacción, no el lugar donde el mundo entero podría desear, asumir o esperar que tú estuvieras.

Si hay algo a lo que le dedicas poco tiempo y que todos te dicen que estás mal, pero tú sientes que estás satisfecho con eso, entonces tu calificación debería de ser alta, lo único que importa es lo que tú piensas.

Ese es el corazón de DMS. Lo que importa es lo que te importa a ti. Date un tiempo, analiza bien las siete áreas de tu vida y llena tu estrella.

Analiza tu resultado y observa lo que te salta de inmediato; fácilmente podrás identificar dónde sientes que te falta enfoque, atención y energía.

Ahora, pregúntate si las evaluaciones que hiciste tienen sentido entre ellas. Si crees que debes corregir un resultado, hazlo. La idea es que tu estrella sea algo con lo que estás cómodo y que te da claridad. Pregúntate también si te calificaste bajo en un área por cosas que no te importan en realidad. Tal vez crees que deberías ser más espiritual, tal vez crees que deberías trabajar más pero, en el fondo, no te importa tanto.

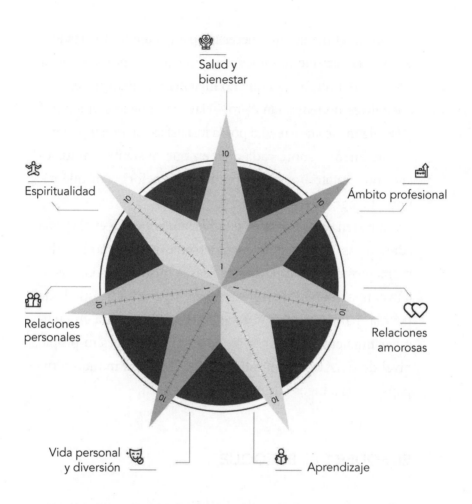

Salud y bienestar

Espiritualidad

Ámbito profesional

Relaciones personales

Relaciones amorosas

Vida personal y diversión

Aprendizaje

Escanea el código para descargar una copia imprimible de la estrella de la vida.

Tómate el tiempo que necesites para entender tus resultados y una vez que termines, cuestiónate. ¿Cómo te sientes? ¿Puedes identificar algo que no imaginaste? ¿Pudiste ver algo que tal vez no tenías tan claro? ¿Hay algo que te sorprendió? ¿Hay algún área que resalta por la insatisfacción que te genera?

Finalmente, sobre cada área en que te sientas insatisfecho, pregúntate: ¿qué me impide estar mejor? ¿Por qué me importa lograrlo?

La estrella de la vida es una herramienta que evoluciona contigo. Así como no hay dos personas iguales, no hay dos momentos en el tiempo en que seas la misma persona. Siéntete con la libertad de regresar una y otra vez a la estrella de la vida, para reevaluar el estado actual de tu vida en cualquier momento. Recuerda: lo único que mides es tu propio nivel de satisfacción en esta área, no donde el mundo o tus papás o tus amigos creen que deberías estar.

EL PODER DEL ENFOQUE

Bob Iger fue presidente de Walt Disney Company durante más de quince años y la historia de cómo llegó a ocupar dicha posición tiene, para mi gusto, una de las mejores lecciones de enfoque en el mundo de los negocios. Si bien Iger empezó a trabajar en la compañía desde muy joven y fue escalando posiciones en la escalera corporativa, su camino a la cima no fue un cuento de hadas. Disney estaba viviendo una crisis en distintos sentidos; no solo llevaba años de fracasos con películas medianamente buenas, sino que estaba perdiendo el interés de los consumidores frente a novedosos competidores, principalmente Pixar y Marvel, quienes tenían, año con año, grandes éxitos en taquilla. Pero lo que se veía afuera de la compañía era solo un síntoma de lo que se vivía adentro, ya que los problemas de Disney no solo estaban en la taquilla, sino también en los parques de diversiones que se mantenían estancados y, sobre todo, en la opinión pública. Parecía que Disney empezaba a ser una empresa que se hacía vieja, sin innovación o una estrategia que la llevara a vivir nuevamente sus años de gloria. Michael Eisner, el CEO antecesor de Bob Iger, había sido incapaz, por varios años, de llevar a Disney en la dirección que la empresa necesitaba. Estaba claro: Disney necesitaba un nuevo CEO y lo necesitaba con urgencia.

Sin duda, por su trayectoria en la compañía, Iger era uno de los candidatos fuertes al puesto, pero en ninguna circunstancia la posición estaba asegurada. Manejar la empresa creada por Walt Disney no era cualquier cosa.

Cuando el consejo de administración buscaba al sucesor de Michael Eisner, Bob decidió documentar el plan de acción que implementaría en la compañía, en caso de ganar la posición.

En su primera versión del plan había al menos siete prioridades para transformar Disney. Y, claro, cómo no iba a ser de esta forma, si la empresa necesitaba una verdadera y dramática transformación; sin embargo, antes de presentar el plan Iger le pidió a un amigo suyo, un exitoso ejecutivo de mercadotecnia, que lo revisara y le diera su opinión. Su diagnóstico fue contundente: "Mientras más prioridades tengas, menos enfocado estarás", le dijo. Y agregó: "Además, serás percibido como una persona que no tiene ni idea de qué hacer ni por dónde empezar. Elige tres prioridades, no más. Tú sabrás cuáles son, pero no más de tres".

Iger hizo las sugerencias y depuró su lista. Tres cosas, no más. Era su misión. Su plan funcionó y terminó quedándose con el puesto que consagraría su carrera profesional. Ya estando en la posición, se enfocó en esas tres cosas, sin desviarse de su plan, y terminó su carrera como uno de los CEO más exitosos en la historia de la empresa que fundó Walt Disney. Eso es claridad.

La claridad aplicada como una herramienta supone la apertura hacia un futuro más grande.

LOS TRES LADRONES DEL FOCO

Puedes tener todo lo que quieras,
siempre y cuando sepas qué es todo para ti.
Oso Trava

Estamos tan absortos por la rutina de la vida diaria: las noticias, la familia, el trabajo, que vamos corriendo por nuestra vida a la velocidad del demonio de Tasmania; incluso dejamos una nube de polvo a nuestro alrededor que no nos deja ver el camino. Somos un auto de carreras que olvidó encender el GPS antes de comenzar la carrera. El conductor se salió de la vía y está perdido, pero conduce a tal velocidad que no es capaz de darse cuenta.

Vivimos en un mundo tan ajetreado y ocupado que sin darnos cuenta hemos sido bombardeados con una sobrecarga de información, de oportunidades y de necesidades, que nos hemos dedicado a acumular. Por ello, tienes que aprender a diferenciar, entre tanta distracción, cuáles son aquellas cosas que de verdad te importan, separándolas de aquellas que solo están ahí para confundirte, quitarte tiempo y causarte ansiedad.

Necesitas identificar las áreas de tu vida en las que debes invertir tu tiempo y tu energía para alcanzar una vida de éxito. Para eso, necesitas definir qué es el éxito para ti.

Puedes transitar múltiples caminos en tu vida, pero solo hay ciertos parajes que llenarán tu tanque de combustible porque, en realidad, resuenan con lo que alimenta tu esencia.

Para llegar a nuestro destino, debemos silenciar el ruido que nos rodea; debemos evitar ser guiados por fuerzas externas y, así, darle su lugar a nuestras prioridades.

Sé que esto no es tan fácil, porque siempre hay distracciones; parece que ese ruido se hace cada vez más fuerte. Ya no solo no tenemos foco en las acciones por implementar, sino que nos quedamos paralizados en la inacción.

Analizando mis experiencias y las de cientos de personas que han trabajado usando el método DMS, he encontrado cuáles son los principales ladrones del foco.

Llevo más de diez años siendo emprendedor y uno de los proyectos que más me han ayudado a crecer es precisamente *Cracks Podcast*.

Me ha dado una *network* de mucho valor, más allá de lo que me pude haber imaginado. Me ha brindado la oportunidad de aprender de verdaderos titanes de los negocios, del arte, de la filosofía, de la tecnología, los deportes y muchas otras áreas, sobre la forma de pensar, los hábitos y los trucos con que se caracterizan las personas más exitosas.

No solo eso, sino que me ha dado la enorme satisfacción de saber que lo que estoy haciendo tiene impacto en las vidas de miles de personas.

Sin embargo, *Cracks*, y todo lo que ha derivado de este proyecto, podría no haber sucedido nunca. El proyecto *Cracks Podcast* estuvo guardado en un bloc de notas, en mi celular, por más de ocho meses.

A pesar de que era un proyecto que me emocionaba y que sabía que podía ayudarme mucho en mi vida, simplemente no le daba el enfoque que requería para hacerlo realidad.

Sinceramente, ser presa de la falta de enfoque es mucho más fácil de lo que crees. Aun cuando creas que eres productivo, quizá estás siéndolo en áreas que ni siquiera te importan y que no te llevarán al lugar al que te gustaría ir.

Imagina todo aquello que alguna vez te propusiste hacer. Esa meta que te pusiste el último día del año, mientras te atragantabas de uvas en la cena de Año Nuevo. Un viaje, un nuevo trabajo, una nueva relación, una nueva dieta, hacer ejercicio, lanzar un negocio, invertir en algo, comprarte un departamento o pasar más tiempo con tu familia. Sabías que era importante para ti, pero ni siquiera empezaste.

¿Por qué nos sucede? ¿Por qué nuestra mente juega en nuestra contra aun y cuando sabemos qué es lo que queremos? La realidad es que nuestro cerebro está programado para buscar reafirmación de sus acciones y entre más rápido se den estas recompensas, mucho mejor será la retroalimentación positiva para el cerebro. Por esa razón, el cerebro busca de forma constante atajos; la mayoría de las veces estos atajos nos alejan de nuestros grandes objetivos, porque esos objetivos requieren esfuerzo, paciencia y tiempo.

Existen tres grandes factores que nos alejan de nuestros objetivos, que nos regresan a patrones de conducta conocidos y nos generan ese falso sentimiento de seguridad momentánea. Son estos a los que yo llamo "los tres ladrones del foco":

- El miedo
- El placer inmediato
- Las expectativas externas

Estos tres ladrones son los responsables de que no puedas enfocarte en hacer lo necesario para tener todo lo que quieres.

El miedo

Sufrimos más en nuestra mente que en la realidad.
SÉNECA

Como te conté, el proyecto *Cracks* estuvo listo en mi cabeza para lanzarse durante casi un año, mientras pensaba si hacerlo o no. He analizado mucho qué fue lo que pasó.

Descubrí que la razón principal por la que no me decidía a hacerlo era una muy sencilla: tenía miedo, estaba aterrado. Lanzar un podcast me ponía en una situación que, al menos en mi mente, era imposible de ganar. Si todo me salía mal, entonces nadie iba a escucharme. A la gente a la que le había dicho que iba a lanzar un podcast tendría que enfrentarlos como un fracasado.

También pensaba en qué pasaría si la gente no aceptara mi invitación y qué pasaría si me aceptaran la invitación, pero mis entrevistas fueran una basura. Más allá de eso, si todo salía bien, la situación tampoco era muy favorecedora. Implicaría que muchas personas conocerían más de mí y estaría totalmente expuesto a burlas y críticas, empezando, principalmente, por las personas más cercanas a mí: mis amigos.

Yo no soy periodista, no soy comunicador. La verdad es que no sabía qué estaba haciendo; quién me creía yo para entrevistar a la gente. Por si fuera poco, para lograr que el proyecto tuviera éxito, tenía que hacer algo que nunca creí que haría. Algo a lo que le había huido por años: tendría que hablarle a mi celular, postearme en redes sociales y hacer videos diciendo quién sabe qué cosas.

Así que ambos escenarios me volvían loco; me aterraba el solo pensarlo. Por ello, siempre me inventaba un pretexto o encontraba algo "más importante" que hacer, para seguir postergando lo que sabía que era necesario.

El miedo es una condición humana por naturaleza. Es la manera en que estamos programados para sobrevivir y protegernos. Pero hoy nuestros miedos poco tienen que ver con la capacidad de mantenernos vivos o evitar peligros reales y amenazantes.

Cada vez que sufres estás enfocado en ti y en el hecho de que tus expectativas no se están cumpliendo como imaginaste. Ahora, si quieres lograr la libertad y la paz mental que puedan llevarte a dar ese paso que no te atreves a dar, es necesario aprender a bailar con tus miedos, porque simplemente no podrás hacerlos desaparecer por completo. Porque esta idea, aunque suene idílica, es imposible de alcanzar.

Existen tres tipos de miedos que desencadenan la inacción y el sufrimiento:

- El miedo a la pérdida o la percepción de pérdida
- Tener menos o creer que tienes menos
- La creencia de que algo nunca sucederá

El escritor brasileño Paulo Coelho, en su obra *El Alquimista*, escribe que lo único que hace que un sueño sea imposible de alcanzar es el miedo al fracaso. El miedo ha matado más sueños que el mismo fracaso. El miedo nos genera parálisis y nos aleja de la posibilidad de construir la vida que realmente queremos.

Esta gran idea del podcast, que me ha cambiado la vida y que se la ha cambiado a miles de personas, lo cual nunca imaginé, estuvo ahí, guardada en un cajón. Sufrí muchísimo más en mi mente que en la realidad; la nube negra solo existía en mi cabeza.

¿Y en qué se convirtió esta idea que estuvo envuelta en la cobija del miedo? En una de las transformaciones más poderosas de mi vida que, por decisión y por acción, no quedó en una simple nota de pendientes más en mi celular.

No cabe duda de que los seres humanos estamos programados para evitar el dolor.

Sería interesante preguntarte, a qué le tienes miedo hoy.

¿Al qué dirán?

¿A no ser suficiente?

¿A perder estatus?

¿A que piensen mal de ti?

¿A tener menos?

¿A no ser amado?

Nada de eso es de vida o muerte y, sin embargo, es suficiente para detenerte en la vida.

Cuando sentimos miedo, ¿qué hace nuestro cuerpo? Reacciona, preparándonos para paralizarnos, huir o pelear. Nuestras pupilas se dilatan, la sangre se inunda de adrenalina y se concentra en nuestros músculos, alistándonos para actuar y defendernos.

Entonces, si esa es la función del miedo, ¿qué nos está diciendo? El miedo significa que estamos listos para lograr cosas grandes que, tal vez, no podríamos lograr en ningún otro estado. Así que, si entendemos eso podemos transformar el miedo que nos paraliza en un mensaje de nuestro cuerpo, diciéndonos que tenemos superpoderes y que podemos aprovecharlos.

El cobarde y el valiente sienten exactamente lo mismo, pero lo que los hace diferentes es lo que el valiente hace cuando siente miedo.

El miedo denota lo que yo llamo "un momento inminente para elevarte y derribar tus obstáculos"; así que si estás sintiendo miedo, solo piensa en las letras que lo forman:

M-I-E-D-O
M-momento
I-inminente
E-elevarte
D-derribar
O-obstáculos

Al final, el miedo es tu cuerpo y tu mente diciéndote que estás listo para hacer cosas grandes; lo único que debemos hacer es cambiar la manera como vives tu miedo. Tú eres más capaz de lo que crees. Se trata de no ser tu propio cuello de botella.

Para trabajar en tus miedos existe un ejercicio que llamo "definición de miedos". Se basa en el concepto estoico *Premeditatio Malorum*, que en años recientes popularizó Tim Ferriss en su TED Talk *Why You Should Define Your Fears Instead of Your Goals*.

El primer paso del ejercicio es pensar en esa decisión pendiente en tu vida; aquello que quieres hacer y no has hecho. Después, piensa exactamente: ¿qué es lo peor que podría pasar? ¿A qué le tienes miedo en realidad?

Durante el segundo año de operaciones en InstaFit lanzamos una proteína vegana, antes de que fueran famosas, que se llamaba Shake-Up. Trabajamos muchísimo en el desarrollo de ese producto pero, de todos modos, fracasó. Todo el tiempo que le dedicamos terminó desperdiciado.

Cuatro años después, cuando pensé volver a hacerlo, aprovechando lo que habíamos aprendido en esa ocasión y la madurez del mercado, tenía miedo, pavor de volver a fracasar. Tenía miedo de perder dinero y de desmotivar a mi equipo nuevamente.

¿Qué tal que no se vendiera nada? ¿Que tiráramos dinero a la basura en el proyecto y la empresa quebrara como resultado? ¿Qué tal que nuestros inversionistas perdieran toda la confianza en que podíamos ejecutar un proyecto de ese tipo, que tanto llevábamos cacareando y nunca volvieran a apoyarnos?

Piensa en lo peor de lo peor que podría pasar; llévalo al extremo. Húndete en tu miedo y entiende qué es, en realidad, lo que te frena.

Una vez que tengas el peor escenario en mente, piensa en todas las cosas que podrías hacer para evitar que ese peor escenario que estás imaginando y que te tiene muerto de miedo no pasara nunca o, al menos, disminuyera en su probabilidad.

Yo, en este segundo intento, podía contratar un mejor equipo, alguien con más experiencia. Podía ponerle una marca que conectara más con mis clientes si preguntaba, hacía *focus groups* o estudios de mercado. Podía conseguir mejores proveedores, que me dieran mejor precio y así mejorar el margen; y podía comercializar el producto en muchos más canales. Así que piensa cuáles son todas las cosas que podrías hacer tú y que te colocarían en una mejor posición para evitar que este miedo se materialice. Al hacer esto, en realidad, le estás quitando el poder sobre ti al miedo, disminuyes la probabilidad de que suceda el peor escenario que te has imaginado.

Una vez que hayas definido todas las cosas que puedes hacer para prevenir el caos, piensa: ¿qué podrías hacer si, efectivamente, tu peor miedo se hace realidad? Hay veces que podemos prevenir, pero las cosas suceden de igual manera. Si llegara a darse esta situación que tanto estás tratando de evitar, piensa: ¿cómo podrías arreglarlo?

Estoy seguro de que tienes recursos de los que podrías echar mano para solucionar tu problema. Podrías tomar terapia para aliviar algún trauma que te genere, podrías pedir dinero prestado, podrías, incluso, pedir un trabajo. Podrías pedir perdón, que es un recurso que muchas veces no utilizamos y que es muy efectivo para arreglar problemas. También podrías contratar a un consultor que te ayudara a arreglar el relajo que acabas de hacer.

La verdad es que nuestro peor escenario siempre tiene una solución. Idealmente lo evitaremos, pero nombra todas las opciones e ideas que se te ocurran de cómo corregir este peor escenario. Así, le estarás quitando mucha más fuerza y entenderás que si sucediera lo peor, tampoco sería una situación de vida o muerte.

Ahora bien, viene la última parte del ejercicio. Pregúntate qué costo estás pagando a causa de tu miedo. ¿Qué costo podría tener en tu vida el no tomar acción? Estás dejando de ganar dinero, estás dejando de tener una gran relación, un gran trabajo. ¿Cuánto te está costando no tener todas esas cosas? ¿Qué frustraciones has acumulado por no haberte atrevido, por no haber empezado antes? ¿Cómo cuantificas el costo de tu inacción?

Usa este ejercicio para obligarte a pensar cómo vencer tu miedo; hazlo siempre que sientas que no estás haciendo algo que de verdad importa y te gustaría hacer.

Cuando puedas ponerle palabras a tus miedos, cuando puedas describir cuáles son las situaciones a las que les tienes miedo y de las que estás huyendo, entonces, puedes empezar a analizarlas, atacarlas, resolverlas, como si fueran una situación problemática del mundo real.

Ese miedo que parece tan amenazador, esa gran nube negra que no sabes ni siquiera por dónde atacar para despertar es más frágil de lo que crees.

Escanea el código para descargar gratis el formato imprimible del ejercicio de definición de miedos.

El placer inmediato

Mis papás se divorciaron cuando yo tenía dieciséis años. Mi niñez fue muy normal, sin opulencias, teníamos lo necesario, pero nada de sobra. Ellos siempre se esforzaron por darnos lo mejor. Trabajaban mucho, pero económicamente no les iba muy bien. Mi abuelo nos pagaba las colegiaturas y, para ayudar, yo estaba becado.

Desde muy chico aprendí que para tener las cosas que quería tenía que valerme de mis propios medios. A los catorce años, empecé a trabajar haciendo de todo, incluso de cerillo en el supermercado, empacaba las bolsas de las compras de los clientes. No ganaba mucho, pero al menos podía tener algo de independencia.

Sin embargo, a los diecisiete, mi suerte empezó a cambiar un poco. Comencé a trabajar en comerciales de televisión. No es que fuera muy guapo, más bien hacía muy bien mi trabajo y era muy comprometido. Hice más de cien comerciales; además, me contrataban para pasarelas y para modelar en catálogos de ropa. Pitipol Ybarra, uno de los directores de comerciales más reconocidos en ese momento y que ahora produce series para Netflix, me decía constantemente: "A ti van a contratarte siempre que puedan, porque llegas y te callas; estás aquí porque necesitas trabajar y no estás de exigente".

Muchos de los modelos se sentían estrellas y armaban escándalos. Yo, por el contrario, siempre fui muy educado y con buena actitud; yo iba a trabajar. Tal y como me lo decía Pitipol, yo sí iba porque necesitaba la lana.

Así fue como me compré un coche y una computadora; de hecho, a esa edad, era al que mejor le iba de todos mis amigos.

Un día me invitaron a un programa de televisión. Me habló mi agente para decirme que hablaron del programa *Otro rollo*, de Adal Ramones; iban a entrevistar a tres modelos de las agencias top de México. Entre esos tres, estábamos Sebastián Rulli y yo, que ni era modelo. Terminé haciendo el ridículo porque cuando Adal pidió que "enseñáramos los cuadritos", en vez de agarrar a Rulli, a quien se le metía la piel entre los músculos hasta la columna vertebral, me escogió a mí, con mi panza de chelero de diecisiete años. Igual yo seguí en lo mío, bajar la cabeza y trabajar para hacer dinero.

Me invitaron a hacer novelas, a formar parte de grupos musicales y muchas cosas más. Para ese entonces, yo tenía solo dieciocho años y aunque mi carrera parecía ir en ascenso sabía que lo mío en la vida no iba por ahí. Disfruté mucho esa época y me dejó aprendizajes que hoy, veinticinco años después, me han sido de una utilidad enorme.

A pesar del éxito, yo sabía que no iba a quedarme en ese trabajo. Quería lograr algo más intelectual, quería ser un gran ejecutivo y no solo un mal actor.

La vida da muchas vueltas y te pueden llegar oportunidades que parecieran increíbles en el corto plazo, pero jamás sacrifiques la misión que quieres de tu vida y la visión en el largo plazo por el reconocimiento o el dinero en el corto plazo. Si te llega un negocio o una oportunidad que parece de oro, aprende de ella; pero si no es lo que en realidad quieres, no cometas el error de quedarte ahí.

He visto mucha gente que brinca de una cosa a otra, de una oportunidad a otra, de un trabajo a otro, porque nada le satisface o porque no saben a dónde van. Y justamente esa falta de carácter, de disciplina, tiene que ver con falta de claridad sobre qué es lo que importa.

El segundo ladrón del enfoque es una trampa del placer. Queremos la gratificación inmediata, a pesar de comprometer la visión de largo plazo. Para mí, hubiese sido muy cómodo quedarme en el camino de la farándula; ganaba dinero y la pasaba muy bien. ¿Qué mejor gratificación inmediata que eso? Sin embargo, siempre tuve claro que el camino no era por ahí.

Y ¿cómo identificas que te estás dejando llevar por la gratificación inmediata? Una gran forma de hacerlo es recordando la última vez que fijaste un objetivo de Año Nuevo. Imaginemos, por ejemplo, que fue empezar a hacer ejercicio. Primero empiezas muy fuerte, con una convicción renovada por este inicio del reto, pero muy pronto el frío y la apatía se apoderan de ti.

El despertador suena a las seis de la mañana, cuando todavía está oscuro; sacas un poco el brazo de la cama y sientes el aire frío en tu piel. Piensa: ¿cuál es la lucha mental en ese momento en tu cabeza? Es muy fácil tirar tu propósito a un lado y sacrificarlo por tal vez diez, veinte o treinta minutos más de seguir calientito en tu cama. Tal vez ni siquiera vas a volverte a dormir, pero es ese momento en el que, por un pequeño placer momentáneo, sacrificas algo que pareciera ya no importar. Cuando estás conectado con tu identidad y tu verdadero yo, entonces no necesitas de un placer inmediato para escapar de un sufrimiento momentáneo.

Cuando vivimos en modo reactivo y sin enfoque, nos sometemos constantemente a la ansiedad. Cuando vivimos estresados la idea de sentirnos bien, aunque sea solo por un momento, se hace tan atractiva que perdemos de vista nuestros objetivos finales. A veces, sentir un pequeño descanso, una pequeña satisfacción, se busca como si fuera lo único importante en ese momento.

Realizamos acciones que generan descargas de dopamina y serotonina en nuestro cerebro, que son los neurotransmisores de placer que, si bien pueden tranquilizarnos por un momento, normalmente resultan contraproducentes en el mediano y largo plazo. Estas son nuestras trampas de placer, trampas que nos dan una pequeña satisfacción instantánea, pero que nos alejan por mucho de la meta final.

Es como calmar una tristeza o una ansiedad yendo al refrigerador para agarrar el bote de helado. No solo te estás limitando de hacer algo más productivo, te estás haciendo daño o estás trabajando en contra de tu objetivo final.

Beber, fumar, comer, las redes sociales, la infidelidad o, incluso, el trabajo intenso, constituyen trampas de placer.

Cuántas veces nos ponemos a limpiar nuestro escritorio en vez de hacer esa llamada de ventas que deberíamos hacer. O salimos a caminar en lugar de tener una conversación urgente con nuestra pareja. O checamos nuestro mail una y otra y otra vez y respondemos mensajes que no son nada importantes, inclusive, mensajes que son de publicidad, en vez de hacer acciones concretas sobre ese proyecto que tenemos pendiente.

En otras ocasiones, también nos damos un *break* a las acciones que son importantes, lo cual es sano. Tomar unos breves minutos a consciencia para reconectar está bien; el problema es que muchas veces lo hacemos inconscientemente y cuando nos damos cuenta, ya perdimos dos horas haciendo otras cosas y terminamos riéndonos de los memes de las redes sociales. Es obvio, en ese caso estás perdiendo el tiempo, pero además pierdes el enfoque y la fluidez.

¿No te ha pasado que de repente estás ya concentrado, entraste en un momento de *flow*, estás trabajando, avanzando en lo que te importa e inconscientemente volteas, tomas tu celular y empiezas a responder mensajes de WhatsApp? Tal vez respondiste uno o dos o tal vez ni respondiste, pero viste algunos y eso te quitó por completo el foco de lo importante que estabas haciendo y cuando regresas se vuelve un poco más complicado.

Ahora, ¿cómo puedes evitar esas tentaciones? Para mí es muy sencillo, cuando quiero enfocarme en algo apago los distractores y lo hago de la manera más extrema que puedo. No solo apago mi celular, sino que lo dejo en otro cuarto y cierro todas las ventanas de mi navegador para no tener la tentación de entrar a checar mi mail. A veces, solo pongo un vaso con agua para quitarme la tentación de pararme a comer o tomar algo.

Lo importante es detectar cómo puedes, una vez que has identificado estas tentaciones, establecer sistemas que generen fricción, que generen un bloqueo a estas distracciones que haces repetidamente, instintivamente, inconscientemente, para tener este *hit* de satisfacción instantánea.

Entre más trampas del placer descubras, tendrás mayor probabilidad de mantenerte enfocado. Recuerda que donde pones tu atención, pones tu energía y tu energía, enfocada de manera consistente en lo que importa, generará resultados.

Expectativas externas

A principios del 2018, en InstaFit, teníamos planeado levantar una ronda de inversión. Nuestro modelo de negocio se basaba en crecimiento, alimentado por inversión en publicidad para adquirir usuarios; el plan para atraer nuevos inversionistas era mostrar cifras de crecimiento atractivas.

Cuando empezamos a hablar con los potenciales inversionistas para el levantamiento de capital, nos dimos cuenta de que cada vez que llegábamos con una persona nueva nos pedía algo diferente al anterior. Parecía una carrera sin final; teníamos que regresar siempre a revisar el modelo y exprimirlo hasta que pudiéramos cumplir con las demandas de todas las personas con las que conversábamos. Hasta que llegó un punto en el que nos dimos cuenta de que si seguíamos buscando la aprobación de ellos, pondríamos en riesgo no solo el éxito de la ronda de inversión, sino el futuro de la empresa en general.

Intentar cumplir con las demandas externas no nos garantizaba, en realidad, una nueva inversión, pero sí acabaríamos con el poco dinero que nos quedaba. Así que decidimos enfocarnos en lo mejor para nosotros, para la empresa, que fue dejar de buscar aprobación externa y concentrarnos en lograr una mayor rentabilidad. Básicamente, esto nos permitía tomar el control de nuestro propio destino.

Gracias a esa decisión, hoy InstaFit vive y crece por sí misma. Y así como nos pasaba con InstaFit, nos pasa a nivel personal. No queremos decepcionar a nadie e intentamos forzar cosas que no somos o cosas que no queremos hacer.

El filósofo estoico romano Séneca escribió que somos frugales o cuidadosos con nuestras propiedades personales, pero cuando se trata de gastar tiempo, somos los más gastadores y despilfarradores. La idea de cuidar implacablemente nuestro tiempo y de ponernos a nosotros mismos primero, como la más importante prioridad, es casi impensable.

Crecí en una familia donde me educaron para ser generoso, colaborador y con espíritu de ayudar. Cuando creces así, terminas con una pequeña lista de personas que probablemente merecen tu atención y energía mucho antes que tú. Empezando por tus hijos, tu pareja, tus colegas, tus papás, tus suegros, tus jefes, tus amigos, tus inversionistas y hasta el perro del vecino.

Como he comentado en distintas ocasiones, uno de los más grandes miedos que tenemos es el no ser amados. No queremos decepcionar a esas personas que podrían aceptarnos, acogernos y amarnos. Asumimos que para mantener relaciones con otras personas debemos cumplir con todas sus necesidades, inclusive si eso significa poner nuestras prioridades en un segundo o último plano.

Lo peor es que hay veces en que esas expectativas ni siquiera son reales, sino que solo son ideas que creamos o asumimos en nuestras mentes. Nos hacemos ideas de que cumpliendo sus expectativas podemos estar mejor, cuando la realidad es que, posiblemente, esas personas ni siquiera tengan alguna expectativa de nosotros.

Esto se vuelve un hábito y terminamos por entregar el control de nuestras vidas a estas expectativas, a veces, inexistentes.

¿Cómo cambiamos esa mentalidad, cómo empezamos a ponernos nosotros primero?

Hay veces que esa es la única opción. Para InstaFit, era un momento de cambiar o morir. Estoy seguro de que hay áreas en tu vida en las que estás pasando por lo mismo; nos pasa a todos.

Toma unos segundos para analizar, a profundidad, a quién estás tratando de complacer, a quién sientes que "le debes". Piensa en algo a lo que le dedicas demasiado tiempo, pero que no te brinda la sensación de satisfacción que quieres en tu vida. Puede ser tu trabajo, tu peso, tu dinero, tus relaciones. Por ejemplo, para mí, un área a la que siempre le dediqué y sigo dedicando mucha atención es traer más dinero a mi casa.

Para uno de mis clientes de asesoría personal es, por ejemplo, la preocupación de no querer vender su casa por lo que diría su familia. Para otras personas, es la presión que sienten todo el tiempo de tener hijos. Cuando piensas en esta área en la que por más que le dedicas tiempo y energía no tienes la satisfacción que quisieras, pregúntate: ¿a quién intentas complacer? ¿A quién intentas darle gusto?

En mi caso, yo creía que quería más dinero porque mi esposa me pedía dinero. Yo quería complacerla, darle más a ella y más a mis hijos, pero la pregunta aquí es: de verdad, ¿era esa su expectativa?

Mi esposa siempre me ha dicho que está agradecida de todo lo que tenemos y nunca me ha exigido nada más. Así que esta insatisfacción por creer que no le daba lo suficiente venía de una expectativa que ni siquiera existía.

Ahora bien, piensa qué costo estás pagando por tratar de cumplir expectativas de otros, reales o ficticias. Yo me la pasaba estresado al sentir que no llenaba las expectativas de mi esposa; provocaba, incluso, que me alejara de ella, estaba de mal humor y estuvimos a punto de perder nuestra relación.

Cuando decidí que no necesitaba llenar estas expectativas ajenas, pude finalmente priorizar las cosas que me ayudan a diseñar la vida que quiero. Decidí fijar horarios de trabajo y buscar más tiempo de calidad con mi esposa y con mi familia; eso no necesariamente tuvo un impacto negativo en la cantidad de dinero que traía a la casa, pero sí en cómo experimentaba yo la satisfacción de ese dinero o de la relación que yo creía estar rescatando.

Piensa en maneras de cómo podrías actuar: prioriza de forma correcta sin tratar de llenar expectativas que probablemente te roban atención y se convierten en ese tercer ladrón del enfoque.

Capítulo 2

¿A dónde vas?

Es bueno tener un final hacia el cual viajar;
pero es el viaje lo que importa al final.
URSULA K. LE GUIN

CREA UN FUTURO SIN LÍMITES

En el otoño de 2005, busqué al Brujo de la Condesa, un israelí conocido por preparar a estudiantes para el GMAT (*Graduate Management Admission Test*). Esta es la prueba de fuego que tienes que pasar si quieres estudiar una maestría en Administración de Negocios (MBA) en las mejores universidades del mundo. Lo visité por primera vez en su casa y comenzamos a trabajar en lo que sería mi futuro:

—¿A qué universidad quieres ir? —me preguntó.

—A Harvard o Stanford —respondí con seguridad, como revelando parte de la estrategia de un plan que había estado fraguando por años.

—¡Ni lo intentes! No vas a lograrlo —aseguró.

71

Vaya discurso "motivador" que me estaba dando el mentor que se suponía que me iba a preparar justo para lo que me estaba diciendo que era imposible conseguir. Pero yo lo tenía claro, así que no permití que estas palabras estropearan lo que meticulosamente había estructurado desde que estaba en la primaria.

Los meses de preparación pasaron entre ejercicios de matemáticas y razonamiento lógico, y finalmente llegó el examen. Mi resultado fue mejor de lo que esperaba pero, aun así, la actitud del brujo no cambió.

Como parte del proceso de admisión, había que hacer una serie de ensayos con base en preguntas que parecían sencillas, pero que son realmente una invitación a la introspección profunda: ¿qué es lo más importante para ti? ¿Por qué?

Responder esto es todo un reto y más a los veintiséis años. De hecho, hay personas que, en toda su vida, jamás encuentran una respuesta a preguntas como esas.

Me senté frente a la computadora. Había llegado el momento de la verdad. Era de noche y tenía que enviar la solicitud a la mañana siguiente. Sin embargo, por más que intentaba concentrarme, no se me ocurría algo coherente que escribir. Así que corrí a casa del Brujo; necesitaba su sabio consejo. Al abrir la puerta y ver mi cara de preocupación, solo me dijo: "¡Aviéntatela como va! Eso sí, responde de corazón".

Regresé a casa y eso hice. Envié mi solicitud y esperé pacientemente a que me convocaran para la siguiente fase: las entrevistas.

A medida que pasaban los días, mi paciencia comenzó a agotarse; el correo con la respuesta no llegaba. Estaba a punto de perder la esperanza cuando, un buen día, recibí un correo con la fecha de mi entrevista con la Universidad de Stanford. Había pasado la primera prueba.

Pero el tablero del destino volvería a jugar sus cartas en el juego del proceso de admisión, porque la suerte me tenía una pequeña sorpresa. Me presenté a la entrevista en la fecha indicada, me senté en la sala de espera, un poco más nervioso de lo que imaginé. Estaba impaciente. Después de unos minutos, la puerta de la oficina de mi entrevistador se abrió y salió a recibirme un hombre elegantemente vestido. El hombre de quien dependía mi futuro en ese momento estaba parado justo frente a mí. Al verlo, me quedé petrificado. Sentí una jungla desatarse dentro de mi estómago. ¡Yo ya lo conocía!

Unos años atrás, buscando un trabajo como consultor para compaginar con mi último año de la carrera universitaria, concreté una entrevista con un socio de una de las empresas consultoras internacionales más importantes de México. Durante aquella entrevista, me pidió resolver un problema sencillo de razonamiento lógico. Esos de "si un tren viaja a equis velocidad, entonces" y algún problema. En cualquier otro escenario habría llegado fácilmente a la respuesta pero, en ese momento, los nervios y la presión por quedarme con el trabajo nublaron mi mente. Simplemente no pude responder y me fui de su oficina seguro de que había hecho el ridículo más grande de toda mi vida y de que el socio consultor que me entrevistó debía de haberse muerto de risa en cuanto salí por la puerta de su oficina. Jamás me había sentido tan perdedor. Y, a veces, cuando crees que la situación no puede ponerse peor, te llevas una gran sorpresa.

Después de la entrevista, aún decepcionado, me vi envuelto en un choque muy tonto. Había formado un alboroto tremendo en medio de la calle frente al edificio del que había salido derrotado minutos antes. En medio del caos, mientras discutía con los otros conductores involucrados en el choque, noté que un hombre pasaba en su auto a muy baja velocidad presenciando lo sucedido. Al bajar su vidrio para observar con mayor detalle lo que estaba pasando, me di cuenta de que era el socio de la consultora que acababa de entrevistarme. ¡Vaya mi suerte! Pues esa persona que había presenciado, en primera fila y el mismo día, dos de los momentos más vergonzosos de mi vida era la que me estaba abriendo la puerta de su oficina para volver a entrevistarme, pero ahora para ser admitido a la maestría de mis sueños. Me quedé helado. "¿Me reconocerá? ¿Aún pensará que soy el perdedor más grande del mundo?", pensé. Mis preocupaciones comenzaron a opacar mi mente. Respiré profundo y traté de mantenerme ecuánime antes de permitir que estos pensamientos invadieran la serenidad que necesitaba para enfrentar la entrevista.

Algo tenía que hacer ante mi creciente ansiedad o estaba destinado a sufrir un tercer nocaut, así que decidí ser brutalmente honesto y confesarme de inmediato:

—No sé si te acuerdas de mí. Pero la peor hora de mi vida la pasé en tu oficina, en una entrevista laboral que me hiciste.

Estaba tan nervioso que no pude responder y luego choqué mi coche frente al edificio donde trabajabas.

—No lo recuerdo —me contestó. No sé si lo dijo porque era verdad o porque es una persona muy educada. Pero, en cualquier caso, sentí cómo el aire volvía a entrar a mis pulmones—. Olvídate de esa experiencia. Eso quedó en el pasado. Ahora, estamos aquí para otra cosa completamente diferente —me dijo.

Sus amables palabras calmaron los potentes latidos de mi corazón. Esta vez la historia tuvo un final feliz. Terminé la entrevista con una buena noticia: ¡aceptado! Me iba a Stanford.

Es increíble cómo sobreestimamos situaciones y opiniones de los demás, al grado de marcarnos de por vida cuando, en realidad, para ellos no somos ni mínimamente relevantes. En realidad, no le importamos tanto a nadie, al menos no como para frenarnos en perseguir nuestros sueños.

Cuando estaba preparando el viaje para irme a estudiar a la universidad, recordé las palabras de mi mentor: "Ni lo intentes; no vas a lograrlo". Desafortunadamente, así funciona la mentalidad de la mayoría. Yo visualicé ese futuro en la universidad, incluso muchos años antes de estar ahí, a pesar de que en la primaria no teníamos dinero ni para pagar a tiempo la colegiatura, pero jamás me puse a pensar si era una meta imposible o inalcanzable; yo creía en un futuro más allá de mis límites. Cuando entrevisto a un candidato para trabajar en mi empresa, siempre le hago la misma pregunta: "Si yo fuera un genio con una lámpara, listo para concederte cualquier deseo en tu próximo empleo, descríbeme con lujo de detalles cómo sería tu trabajo ideal".

Desafortunadamente, me encuentro siempre, una y otra vez, el mismo patrón: la gente pide muy poco. La gente visualiza su futuro con base en su presente y su pasado, por eso, cuando nos ponemos metas y objetivos, lo hacemos con muchas limitaciones, pensando en lo que creemos que podríamos alcanzar o en lo que pensamos que pudiera ser posible. Nos da miedo imaginar metas grandes y audaces o, simplemente, no se nos ocurren escenarios de futuros extraordinarios, así que optamos por visualizar un futuro lineal, no exponencial. En el método DMS es fundamental que empieces a pensar en un futuro sin límites, que visualices tu futuro sin el anclaje de lo que has conseguido en tu pasado.

Si te pidiera que pensaras en cómo sería el mejor año de tu vida, en las áreas de tu estrella que más te importan, en las que has decidido enfocarte, ¿cómo lo describirías? Visualiza ese gran futuro, pero no le pongas límites. Recuerda: ¡se trata del mejor año de tu vida!

Ahora, identifica las tres metas más importantes que consigues en ese año, las que más te emocionan, y piensa qué estarías dispuesto a hacer para que de verdad se materializaran.

De eso se trata el método DMS: de trabajar en ese futuro sin límites, de visualizar y crear la vida que siempre has querido. No pierdas de vista esas metas y simplemente comprométete con ellas.

Si hubiese creído lo que mi mentor me dijo, que Stanford no era para mí, quizá *Cracks Podcast* no existiría y probablemente ni siquiera estaría escribiendo este libro ni estaría casado con mi esposa. Así que recuerda: ten a la mano esas tres metas principales, visualízalas en el mejor año de tu vida y ve por ellas. Pero lo más importante: ¡no te limites!

EL VÓRTICE DEL CRECIMIENTO

Roger Bannister se convirtió, en el año de 1954, en el primer hombre en el mundo en correr una milla en menos de cuatro minutos. Hasta entonces, existía la creencia colectiva de que era imposible recorrer tal distancia en ese tiempo. Ningún ser humano sería capaz de hacerlo. Incluso, había estudios científicos que sustentaban que el cuerpo humano no estaba diseñado para tal hazaña. Se aseguraba que fisiológicamente era inviable y que en caso de que alguien lo intentara, podría poner en riesgo su salud.

A pesar de ello, el 6 de mayo de ese año, Bannister rompió no solo la barrera de los cuatro minutos en una milla, sino que además rompió la barrera mental de toda una generación. Lo más interesante es que dicha hazaña se había intentado por años sin éxito; diversos atletas habían fracasado, pero una vez que la meta fue superada por Bannister, semanas después, otros atletas lograron incluso bajar la marca. Actualmente, esa marca está muy por debajo de los cuatro minutos y más de 1 400 atletas la han logrado desde entonces.

Esta historia se ha documentado en entrevistas, reportajes, libros y, sobre todo, se ha utilizado en pláticas motivacionales, para compartir la idea de lo importante que es creer en uno mismo para conseguir objetivos que para los demás son inalcanzables y, además, no dejar que nadie nos diga que no es posible conseguir lo que nos proponemos. Pero también es importante porque es una lección más de cuando alguien impone una marca que nadie más ha conseguido y dicha marca se convierte en el estándar, en el objetivo a vencer. Antes de que esa meta inalcanzable se convirtiera en una realidad, era imposible precisamente porque así lo dictaban las creencias. Ya vimos que una creencia limitante nos ata y nos impide tomar acción. Las creencias son el origen de lo que yo llamo "el vótice del crecimiento".

Recuerdo que por muchos años yo me conté una y otra vez la misma historia limitante. Me sentía torpe para muchas cosas; ni siquiera recuerdo de dónde venía esa creencia, pero era la historia que me narraba siempre. En la secundaria me la contaba antes de entrar a la pista de hielo cuando jugaba hockey. Recuerdo el terror que sentía cuando llegaba el momento de entrar al hielo; era un miedo tan profundo que me paralizaba, incluso fingí varias veces una lesión o un cansancio extremo para conseguir, a toda costa, una excusa justificable para no entrar a jugar. Evidentemente, esa mentalidad me hacía mucho más propenso a cometer errores y terminaba por comprobar lo que yo creía.

Cuando dejamos que nuestras creencias limitantes nos dominen, el resultado de nuestras acciones siempre refuerza dichas creencias, lo que provoca un ciclo negativo que nos aleja de la vida que queremos vivir, una especie de espiral de la muerte donde tu realidad está dictada por tus creencias y, de esa forma, al no darte cuenta de ello, es muy difícil salir de ahí. Justo eso me pasaba en la pista de hielo.

Pero un día, muchos años después, algo cambió en mí. Durante un entrenamiento de *crossfit*, me dijeron que la práctica de este deporte me haría mucho mejor en cualquier otro deporte. El simple hecho de creer eso cambió mi actitud por completo, ya que ahora suponía que tenía las habilidades necesarias para practicar todos los deportes y eso me motivó a tomar muchos más riesgos, especialmente en el deporte que más amo: esquiar en la nieve. Así que entre más esquiaba, más intentaba cosas que sí me salían y más confianza en mí adquiría, lo que me motivaba a intentar otras cosas diferentes. Ahí, se creó el efecto opuesto a la espiral de la muerte, el vórtice del crecimiento.

El vórtice del crecimiento, entonces, es un ciclo positivo y autoalimentable en el que una convicción que nos empodera nos motiva a tomar una acción que genera resultados positivos y estos, a su vez, alimentan nuestra confianza, generando ciclos ascendentes de impacto que provocan más resultados positivos.

El vórtice del crecimiento tiene tres fases:
1. La creencia o la convicción de la que parten nuestros pensamientos
2. La acción que genera cambios
3. Los resultados que obtenemos

Y como el vórtice del crecimiento es el espejo de la espiral de la muerte, uno puede fácilmente convertirse en el otro y eso es de lo que se trata, de que tú conviertas tu espiral de resultados negativos en tu vida, en un vórtice del crecimiento.

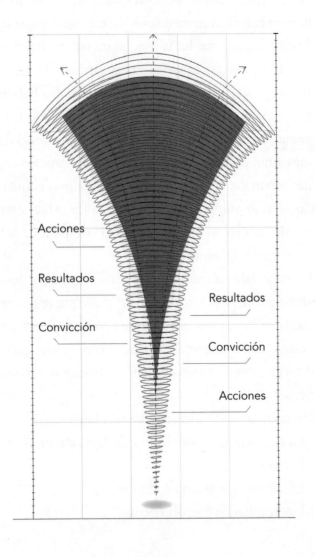

Acciones

Resultados

Convicción

Resultados

Convicción

Acciones

Para ello, primero debes cambiar las creencias desde donde se están generando esos resultados. Identifica qué historia te estás contando y cuestiona si verdaderamente es cierta o no. Para hacerlo más tangible, hagamos este ejercicio. Revisa las tres metas más importantes que documentaste en lo que será el mejor año de tu vida.

Ahora, analiza cuál es la historia limitante que te cuentas, por qué no podrías conseguir dichas metas. Historias limitantes que nos contamos hay muchas, las hay en todas las áreas de nuestra vida. Así que tómate un momento para analizar cuáles son esas historias y qué es lo que te están diciendo, porque eso es justamente el resultado que obtendrás.

Una vez que hayas identificado tus historias limitantes, cuéntate una completamente opuesta en cada caso. Si dijiste, por ejemplo, que no puede iniciarse un negocio en época de crisis, ahora cuéntate la historia de que las crisis son las mejores épocas para poner negocios. Te darás cuenta de que así como hay cientos de historias limitantes que encontramos para nosotros mismos, hay otras cientos que también nos empoderan. Lo único que debes hacer es utilizarlas a tu favor. Empieza a cambiar dichas historias.

Finalmente, para fortalecer las historias que te empoderan y que formarán tu vórtice del crecimiento, identifica cinco eventos en el pasado que validen dichas historias. Por ejemplo, en el caso de las crisis, analiza todas las empresas exitosas en el mundo que han sido creadas en épocas de crisis. Te darás cuenta de que las historias que te empoderan son ciertas y que las historias limitantes que te contabas solo eran eso: historias que te mantenían estancado en la vida.

Ya lo sabes: tienes la oportunidad de crear tus vórtices del crecimiento una y otra vez en cada área de tu vida. El secreto está en tus creencias. Si vives lleno de creencias que te limitan, seguramente estás provocando tu propia espiral de la muerte y estás viviendo una pesadilla de autosabotaje. Es el momento de empezar a cambiar tus creencias, para cambiar tus historias y para convertir tus acciones y tus resultados en un vórtice de crecimiento sostenible, en todo aquello que quieres conseguir.

VIVE TU IDENTIDAD FUTURA

Llegué al estado de California para estudiar la maestría, con una maleta llena de ropa y una cabeza llena de prejuicios. En ese momento yo solo quería juntarme con europeos y norteamericanos, porque "eran los únicos que podrían ayudarme a ser alguien exitoso". ¡Vaya tontería! Los latinos de la universidad, sin duda, eran mis amigos, pero pensaba que no podría aprender mucho de ellos. Lo mismo pensaba de los orientales, a pesar de que estudiaba con el hijo del primer ministro de Hong Kong y del presidente de Corea del Sur.

Con esa mentalidad clasista estaba desaprovechando oportunidades valiosas para hacer un *networking* global, aquello que me había funcionado tan bien antes, pero de lo que todavía no era plenamente consciente.

Hasta este punto de mi vida, yo siempre había sido el tipo de las estructuras, de los modelos mentales heredados, de las verdades absolutas y de los pensamientos cuyo origen nunca cuestioné. Estaba viendo la vida a través de unos lentes que había adoptado inconscientemente, que filtraban la luz y limitaban mi visión.

Imagina que es de noche y sales a caminar por el bosque. La luz de la luna y las estrellas te dejarán ver algo, pero no apreciarás lo mismo que si sales preparado con lentes de visión infrarroja y térmica. De esta forma, podrías obtener más información de tu entorno, aun cuando se trate del mismo bosque. Lo único que cambió fue tu forma de apreciarlo. Los lentes que usas limitan o mejoran tu visión de la realidad. Porque, verdaderamente, esta "realidad" no es algo que existe, ya que se origina de la subjetividad de cada espectador.

Bien lo dijo Raúl Romero Havaux en la entrevista que le hice para mi podcast: "Todos tenemos la razón, porque hablamos desde nuestra propia realidad". El truco está en poder conseguir una alternativa efectiva para compartir nuestra realidad con la de los demás y poder cerrar la brecha que separa las distintas visiones.

Escanea el código para escuchar el episodio de *Cracks* con Raúl Romero.

Ahora bien, si todo lo vemos dependiendo de los lentes que traigamos puestos, me pregunto: ¿cómo son los lentes con los que te ves a ti mismo? ¿Qué tan exitoso, preparado, inteligente, guapo, audaz, bondadoso te ves? Sin saber tu respuesta, puedo asegurarte que casi siempre tenemos una visión distorsionada de nosotros mismos.

En una ocasión, tuve la oportunidad de entrevistar a Ari Borovoy para el podcast. Me recibió amablemente en su oficina y conversamos de distintos temas por varias horas. Ari no era el perfil de persona que había entrevistado hasta ese momento, el cual estaba dominado fuertemente por empresarios y por atletas, así que llegué a la entrevista con expectativas moderadas y con un set de preguntas para sacar las mejores lecciones de su carrera artística que nos ayudaran a mí y a mis escuchas a mejorar algo en nuestra vida, como siempre ha sido el espíritu de *Cracks*. No tenía idea de que Ari me daría una de las lecciones más importantes que he recibido y que, de verdad, me hicieron cambiar mi perspectiva por completo.

Le pregunté, como a muchos de mis entrevistados, que cuando piensa en éxito, quién es la primera persona que le viene a la cabeza. Casi siempre, esta respuesta está plagada de nombres que todos identificamos como exitosos: los Elon Musk y los Steve Jobs del mundo. Sin embargo, la respuesta de Ari fue completamente diferente; una respuesta que no me esperaba: "Yo. Yo soy exitoso", me dijo, completamente seguro de sí mismo y, sobre todo, sin culpa.

Salí de la entrevista y su respuesta me dejó pensando. ¿Por qué nos cuesta tanto trabajo reconocernos y aplaudir nuestros logros? Y, sobre todo, ¿por qué nos cuesta trabajo crear una imagen de nosotros mismos tan sana como esa?

Escanea el código para escuchar el episodio de *Cracks* con Ari Borovoy.

En definitiva, todos tenemos una autoimagen y, desafortunada o afortunadamente, esa imagen no siempre es la más realista como para representarnos como somos. Y dicha autoimagen, sin duda, configura nuestros resultados, nuestras acciones y nuestros hábitos.

Somos nuestros hábitos; en eso nos hemos convertido y si queremos crear nuevos hábitos que nos acerquen a los objetivos que buscamos en la vida, la mejor forma de hacerlo es construir una nueva identidad de nosotros.

Imagínate a un fumador que está intentando dejar de fumar: cómo reacciona cuando ve a alguien que fuma, cómo sufre, qué remordimientos siente, cuánto antojo tiene de dar una fumada una vez más. Piensa qué arrepentimiento le da cuando se rinde y regresa a ser el mismo fumador de siempre. El problema es que esa persona se sigue definiendo como un fumador, solo que ahora está intentando dejar de fumar, pero al final sigue creyendo que es un fumador. Intentar ser algo que no eres es una batalla muy difícil de ganar. Ahora, quiero que te imagines a esa persona cuando se define como alguien que no fuma. Él se reconoce como un no fumador. Imagina, entonces, cómo actúa esta persona en situaciones sociales o ante una tentación. Seguramente se mantendrá ecuánime, porque él no se reconoce ya como un fumador. Ahora, tiene acciones y una mentalidad diferente y eso hace que obtenga resultados diferentes.

Así que para tener resultados diferentes y generar las acciones que te llevarán a los resultados que quieres conseguir en la vida, lo primero que debes hacer es convertirte en esa persona que tendría los resultados que tú buscas. La pregunta real no es ¿qué quieres tener? o ¿qué quieres hacer? La pregunta real es ¿en quién te quieres convertir? Y voy a compartirte un secreto: convertirte en esa persona no tiene que esperar; puedes convertirte en esa persona hoy mismo. Los niños son extraordinarios para hacer esto, si les preguntas quién quieren ser. No te contestan que quieren hacer cosas o tener cosas; te contestan verdaderamente quién quieren ser y se convierten en esa persona de manera instantánea. Se convierten en el bombero y actúan como el bombero.

Y eso puedes tenerlo a cualquier edad y debes hacerlo tú mismo. ¿Odias tu trabajo? Cambia tu identidad. Si trabajas en recursos humanos y te sientes aburrido de hacer un trabajo monótono, cambia tu identidad y piensa que eres un generador de talentos, un arquitecto de futuros. Si fueras eso, ¿cómo te comportarías? ¿Cómo aceptarías los retos del día creyéndote un arquitecto de futuros y no un procesador de papeles como quizá lo haces hoy?

Así que, ahora, imagina quién es la persona en la que tienes que convertirte para obtener todo eso que quieres y conviértete en esa persona. Imagina cómo se ve, cómo actúa, qué hábitos tiene, cómo piensa.

Yo, por ejemplo, estoy trabajando en dos identidades. En la relación con mi pareja, quiero convertirme en el casanova, en el amante de secundaria para enriquecer la relación con mi esposa. Quiero conquistarla, ser seductor, audaz, romántico en mi relación con ella y necesito absorber la personalidad de un verdadero casanova para lograrlo. En eso estoy trabajando. Y, por otro lado, en mis relaciones personales, quiero ser el "conector". Esa persona que siempre tiene los intereses de otras personas en mente y que está intentando generar conexiones entre su red de contactos, para provocar beneficios entre las personas que se conectan. En ese conector también me he convertido y en eso estoy trabajando ahora.

Para que puedas hacer este ejercicio con mayor facilidad y convertirte en esa persona que quieres ser, piensa en las siguientes tres cosas:

1. ¿Cómo piensa esa persona? ¿Para qué usa su mente? ¿Cuáles son sus creencias?
2. ¿Cómo maneja su tiempo? ¿Opera, planea, prioriza? ¿Qué hace durante el día?
3. ¿Cómo se siente normalmente esta persona? Retado, ansioso, satisfecho, exitoso, feliz, fuerte.

Métete en el alma de este nuevo personaje que estás creando y en el que quisieras convertirte. Teniendo esa identidad en mente, podrás cambiar tus hábitos, la imagen de ti mismo y tu presente.

Hoy, puedes empezar a vivir como la persona en la que quieres convertirte. Solo basta decidirlo.

Escanea el código para descargar gratis el formato imprimible del ejercicio de identidad futura.

PARTE II

MOVIMIENTO

Capítulo 3

Crea el tiempo que necesitas

Sin trabajo duro, una estrategia sigue siendo un sueño.
Sin una gran estrategia, el trabajo duro
se convierte en una pesadilla.
JAMES CLEAR

ERES LO QUE HACES

Una cicatriz que me hace estar en el presente

No me he hecho nunca un tatuaje, pero tengo en mi brazo izquierdo una enorme cicatriz y hoy entiendo que esta línea sobre mi piel, ligeramente descolorida, tiene una función similar a la de la tinta de un tatuaje: ser un recordatorio constante de que debo permanecer y apreciar el momento presente.

Sucedió en marzo del 2020, cuando decidí viajar con mi familia a Acapulco, para aligerar el encierro de esos primeros meses de incertidumbre de la pandemia provocada por el covid-19.

El lugar era mágico para estar en familia y el ambiente playero que respirábamos era mucho más relajado que de costumbre, porque había muy poca gente en el lugar. Sin embargo, yo tenía mucho trabajo, por lo que en lugar de estar en la playa disfrutando a mis hijos, había estado inmerso en la pantalla de mi computadora. En teoría, íbamos a estar ahí tan solo un mes, hasta que la crisis estuviera controlada y todo volviera a la normalidad. ¡Qué ilusos éramos! Pasaron los días, las semanas y por supuesto los meses.

Para el mes de mayo, comencé a lidiar con un pensamiento que no me dejaba trabajar en paz: "Ya se acerca junio, tus hijos volverán a la escuela y tú retomarás tu ajetreada rutina de trabajo, entonces: ¿cuándo tendrás otra oportunidad de volver a disfrutar este momento de vivir en la playa con tu familia?". Me estaba anticipando a un futuro incierto que nunca sucedió. Así que antes de permitir que ese pensamiento de ansiedad sobre el futuro siguiera rondando mi mente, decidí apagar la computadora, dejar el celular en la habitación y me inventé un plan de parrillada en la playa. Compré champaña para mi esposa y hasta me aventuré a pedirle prestado a un vecino un *buggy*, esa especie de Jeep tubular de llantas enormes, ideal para recorrer la playa.

"Niños, ¿damos una vuelta?", les pregunté, señalando nuestro nuevo juguete prestado. Era una invitación a la aventura, motivada por una necesidad intensa de vivir el momento presente y evitar la ansiedad del futuro. Quería estar ahí, disfrutar al máximo, no había estado presente en meses, absorto en el trabajo, y tenía que sacarle el jugo a estas horas en familia.

Nos montamos al *buggy* y empezamos a dar vueltas por toda la playa. Estábamos pasándola muy bien, pero mi hijo Diego quería un poco más de acción y me dijo con su voz aventurera: "Échate un derrapón, papá".

Por supuesto, yo le hice caso, porque esta era mi forma de exprimir ese momento. Decirle a mis hijos y a mi familia "sí". Sí a todo lo que ellos quisieran. Aceleré un poco; la verdad no conseguí una velocidad estrepitosa, pero la arena se sentía rara y cuando di el volantazo para provocar el derrape, perdí el control del auto y, en ese momento, sentí cómo empezábamos a voltearnos.

Como el plan era dar un viaje de relajación, no me había tomado la molestia de poner las rejas de seguridad. Entonces, mi primer instinto protector, cuando estábamos volteándonos, fue sacar la mano para aliviar la caída del vehículo y así proteger a mis hijos. En ese momento, todo el peso del *buggy* cayó sobre mi brazo. En un abrir y cerrar de ojos, estábamos sobre un costado del vehículo enterrado en la arena. Miré a mi alrededor y noté que estábamos en un tramo de la playa completamente desierto. No había nadie que pudiera ayudarnos y mi celular había quedado en la habitación. De inmediato traté de entender la gravedad de la situación y lo primero que noté fue que Emilio, mi hijo, había quedado colgado, boca abajo, porque traía puesto el cinturón de seguridad. Intenté sacar mi brazo para ayudarle, pero no pude. El peso del auto era demasiado. El pánico comenzaba a apoderarse de mí, de nosotros.

La adrenalina me hizo escarbar la arena con mi otro brazo, hasta que pude liberar el que había quedado aprisionado. Al verlo, noté que estaba completamente deforme, fracturado en varias partes. No le di importancia, porque tenía que asegurarme de que mis hijos estuvieran a salvo primero. Cuando Diego, Emilio y yo logramos salir del *buggy*, este comenzó a quemar aceite y a desprender un humo blanco que, literalmente, nos salvó la vida. Esta señal, que se pintó en el atardecer, fue la que hizo que la gente que se encontraba a unos kilómetros de distancia pudiera encontrarnos.

Cuando llegó la ayuda de varias personas, de inmediato me llevaron a un hospital, pero mi lesión ameritaba cirugía. Así que nos regresamos a Ciudad de México de forma urgente. En los rayos X, se veían varias cosas: luxación de muñeca, fractura de húmero, radio y cúbito. Mi operación duró siete horas y me dejó con varias placas de titanio dentro del cuerpo.

Esa cicatriz quedó en mí para siempre y hoy puedo decir que, a pesar de ser muy fea, me gusta. Es la marca del recordatorio perfecto de que en la vida se trata de buscar el balance. No podemos vivir con la mente puesta en el futuro, pues solo lograremos atraer ansiedad a nuestras vidas, pero tampoco podemos pretender estar en el presente de un abrupto mordisco.

Yo intenté compensar el tiempo perdido de meses en una sola tarde y, gracias a esa cicatriz, hoy entiendo que el tiempo en nuestra vida no debe funcionar así. Somos lo que hacemos; y a lo que le dedicamos más o menos tiempo es en lo que nos convertimos.

Thomas Jefferson decía que si quieres saber quién eres, no preguntes; simplemente actúa. Tus acciones te definen. Como parte de mi proceso DMS, una de las áreas en que quiero enfocarme es en mis relaciones personales. Me imaginé en un futuro cercano, rodeado de amigos a los que ayudo en cada oportunidad. Sin embargo, cuando identifiqué el tiempo que les dedico a dichas relaciones, me di cuenta de que era insuficiente. No tenía anotado nada en mi agenda que tuviera que ver con pasar más tiempo productivo con mis amigos y contactos; por ende, las relaciones con ellos eran, en ese momento, prácticamente inexistentes. No me he dado el tiempo de reconstruir y alimentar dichas relaciones, así que decidí de forma consciente agregar a mi agenda el tiempo para ese fin.

Tú también puedes crear tu tiempo y decidir cómo invertirlo. Primero, revisa tu agenda y haz una lista de las cosas que hiciste en la última semana. No solo se trata de las juntas que tuviste, sino de todo lo que hiciste en general. Si no llevas agenda, trata de recordar todo lo que hiciste y anótalo. Esta lista te ayudará a entender dónde estás invirtiendo tu tiempo y si lo estás invirtiendo correctamente.

Después, haz una lista de actividades a las que quieres darles prioridad; preferentemente, enfócate en cada área de tu estrella de la vida. Identifica esas acciones a las que sabes que necesitas dedicarles más tiempo. Una vez creada tu lista, asigna el porcentaje de tu tiempo que le corresponde a cada actividad, hasta que la suma de todos los porcentajes sea 100 por ciento.

Con esto, podrás entender hacia qué acciones debes estar enfocando tu tiempo. Ahora solo necesitas la disciplina para implementar acciones y, con eso, cambiar tus resultados para aprovechar tu tiempo.

Nunca postergues las cosas que realmente importan y si lo hiciste, no intentes reparar los daños en un solo día. Del apuro te quedará el cansancio, el estrés y, quizá, alguna que otra cicatriz.

TU TIEMPO GENIO

Cuando tenía veinte años no tenía un trabajo formal ni mucha idea de qué hacer durante los meses de verano. Lo que sí sabía era que quería ganar dinero durante esos meses de vacaciones. A través de unos amigos, conseguí un trabajo como animador en un hotel todo incluido, el Club Las Velas de Cancún. Yo vivía en la Ciudad de México y todavía no conocía Cancún, así que era una gran oportunidad para conocer el caribe mexicano y, sobre todo, ganar un poco de dinero. ¡Qué gran plan!

Me pagaban algo así como siete mil pesos al mes, más casa y comida, trabajando seis días a la semana. Mi trabajo consistía en darles la bienvenida a los huéspedes y organizarles la diversión. Hacer eventos, concursos alrededor de la alberca y en la playa. En fin, mantenerlos contentos. Parecía un trabajo no solo divertido sino algo muy fácil; sin embargo, no supe manejar la emoción y en mi noche de bienvenida la fiesta se salió de control.

Al día siguiente, cuando por fin lograron despertarme, me informaron que había faltado a mi primera asignación real de trabajo y que estaba despedido. Estaba en *shock*. La idea de regresar a México al segundo día de haber llegado, con las manos vacías y con un fracaso en la maleta no eran necesariamente los planes que tenían para mí esas vacaciones que pintaban de ensueño. Decidí apelar la decisión; acepté que me había equivocado y les prometí que nunca más iba a fallarles. Les ofrecí trabajar no solo seis días, sino todos los días de la semana, doble turno, sin descanso, si me daban una segunda oportunidad. Decidí comprometerme y dar lo mejor de mí. Les sugerí que, si algo fallaba, lo que fuera, me corrieran inmediatamente. Lo aceptaron y fui reincorporado al equipo.

Durante las siguientes semanas, hice exactamente lo que prometí. Luego de un mes, ya me había ganado el respeto de todos. Ya dominaba la operación del hotel, no solo de mi área, sino de todas las demás, y me nombraron jefe del equipo, aun cuando solo estaba ahí para trabajar durante el verano.

Trabajé sesenta días seguidos sin parar. Fue muy divertido y regresé al año siguiente, otra vez, como líder. Ese primer verano, contraté a mi mejor amigo, quien renunció a su trabajo de abogado y se fue a trabajar conmigo; lo pasamos increíble.

Si bien la paga en el hotel estaba bien, me di cuenta de que ahí no era donde estaba el dinero. El dinero estaba en las comisiones que me pagaban todos los lugares a los que mi amigo y yo les mandábamos turistas. De ese negocio adicional, ganaba hasta tres veces más que mi sueldo del mes y, lo mejor de todo, no tenía que invertir mucho de mi tiempo ni mucho esfuerzo para generar ese dinero. Ahí aprendí una gran lección. ¡La mayor cantidad de dinero que ganaba venía de una actividad en la que tenía que invertir la menor cantidad de mi tiempo!

Cuando se trata de trucos de productividad, el principio de Pareto, conocido también como la regla del 80-20, es de los mejores que existen. La regla dice que el 80% de los resultados provienen del 20% de tus acciones, tal y como me estaba pasando a mí en el hotel. Muchas veces, no tomamos en cuenta este principio tan poderoso, a pesar de que se ha demostrado que aplica para prácticamente cualquier cosa. Por ejemplo, en negocios, el 20% de tus clientes aportan el 80% de tus ganancias. El 20% de los empleados de ventas generan el 80% de los ingresos de toda la compañía. Alguna vez, la empresa Microsoft comunicó que, corrigiendo el 20% de los errores reportados por los usuarios, se corregía el 80% de las solicitudes de soporte. El 20% de la ropa que tienes la usas el 80% del tiempo. ¡Y la lista sigue!

Si en tu vida no te has puesto a analizar el impacto de esta regla y estás haciendo caso omiso de ella, lo único que estás provocando es desperdicio. Desperdicio de tu tiempo, de tu dinero, de tu esfuerzo y de tu energía.

Por muchos años fui el ceo que podía hacer el trabajo de todas las personas de su equipo. Mi mentalidad era que yo debía ser el ejemplo de toda la empresa y para conseguir eso nadie en mi organización podía saber más que yo o hacer más que yo. ¿Qué significaba esto? Que me rodeaba de personas con capacidades similares a las mías o incluso inferiores, lo cual provocaba que tenía que invertir una gran cantidad de tiempo en prácticamente todas las áreas y procesos de la empresa y terminaba haciendo el trabajo para el que, definitivamente, yo no era el mejor. Y lo que es peor, terminaba por no hacer el trabajo para el que yo sí era esencial. Estaba ahorrando en personal, pero no me daba cuenta de que estaba despilfarrando mi tiempo y eso terminaba siendo mucho más costoso.

Aquí es donde encontramos la gran lección del principio de Pareto y para poder aplicarlo en tu vida, primero necesitas saber dónde agregas valor y dónde no.

El psicólogo norteamericano David Dunning dice que las habilidades que necesitas para producir una respuesta correcta son las mismas que necesitas para poder reconocer una respuesta incorrecta. En otras palabras, si eres incompetente, es muy posible que no tengas las habilidades suficientes para darte cuenta de que lo eres. Por eso, es importante que aprendamos a reconocer nuestras debilidades, para no invertir mucho tiempo en aquello que no somos buenos y mejor aprovecharlo en nuestras fortalezas, es decir, en aquellas actividades donde podemos agregar más valor.

Por su parte, el inversionista Warren Buffett menciona que necesitamos muy pocas buenas ideas en nuestras vidas para tener éxito y debemos estar dispuestos a decir: "No haré algo que no entiendo". Algo similar afirmaba el presidente de IBM, Thomas Watson, quien decía que no era un genio, solo era inteligente en ciertas áreas y se quedaba siempre cerca de ellas. La lección aquí es que no eres indispensable y no necesitas serlo.

El 80% de tus resultados son creados con el 20% de tu tiempo. Cuando logras entender para qué eres el mejor y dedicas tu tiempo a eso, te ahorrarás muchos años de tu vida y te moverás más rápido hacia tus objetivos. Muchas personas trabajan muy duro, pero pocos trabajan en aquello que hacen mejor. Usualmente y contrario a lo que todo el mundo piensa, toma mucho más esfuerzo hacer las tareas cotidianas de bajo valor, que hacer las acciones de alto impacto. El secreto está en entender dónde tienes que poner tu atención.

Si quieres mejorar tus posibilidades de éxito en la vida y en los negocios, entonces, debes definir el perímetro de tu círculo de competencia y operar dentro de dicho perímetro. Debes definir tu "tiempo genio".

Conforme pasa el tiempo, tu aprendizaje y experiencia te ayudarán a expandir tu círculo, a aumentar el tipo de actividades que puedes hacer con verdadera maestría, pero es importante que hoy no te engañes acerca de dónde estás y del tamaño que tiene tu círculo.

Para definir las actividades en las que sí deberías estar utilizando tu tiempo genio haz una lista de ellas y decide, objetivamente, en cuáles puedes agregar valor y generar resultados de impacto, y en cuáles podrías delegar y apoyarte en tu equipo. Con esto, no solo tendrás mucho más claro cuáles son esas poquitas acciones que harán la diferencia en tu vida y en tu negocio, sino que tendrás una mayor idea de aquellas actividades que tienes que dejar de hacer.

Utiliza tu tiempo genio a tu favor; identifica el perímetro donde puedes hacer que las cosas sucedan y mantente dentro de él. Tus resultados cambiarán drásticamente.

EL EMBUDO DEL ENFOQUE

Cuando me despidieron de UBS, salí con un cheque de cincuenta mil dólares. Ahí fue donde la vida me puso, por primera vez, cara a cara con el emprendimiento. Al principio, muchas ideas de negocio pasaron por mi cabeza, incluso una mezcalería. Recuerdo haber ido a Oaxaca a aprender todo sobre el tema, fue antes de la ola del mezcal, pero al final, ese proyecto no voló.

Después, se acercó un amigo a proponerme una idea de negocio que parecía ser una extensión de la casa de empeño de su hermano. Le eché un ojo y me pareció que dicha idea parecía tener pies. Era la institucionalización de comprar y vender usado.

Tú tenías algo que ya no usabas y lo vendías. Ese era el negocio; comprábamos y vendíamos desde ataúdes hasta videojuegos. La empresa se llamaba Lo mío es tuyo, y abrimos varios locales que al principio compraban y vendían lo que ya no te servía; después de un tiempo, nos enfocamos exclusivamente en electrónica, celulares, computación y videojuegos. Llegamos a tener hasta veintidós tiendas físicas y más de ciento cincuenta empleados.

Recuerdo que un día fuimos a ver al doctor Pedro Aspe, para levantar capital para el negocio. No estuvo interesado y me dijo: "Cuando hagas este negocio con coches usados, me avisas".

En ese momento, pensé: "¡Cómo que coches, qué tontería!". Años después, surgió Kavak, el primer unicornio mexicano, con miles de automóviles a la venta y decenas de centros de operación por todo México.

Lo mío es tuyo fue mi primer emprendimiento formal y como emprendedor novato, yo quería hacerlo todo. Operar, abrir tiendas, comprar, vender, contratar, manejar personal, ¡hasta lavar los baños! Y no solo no era el mejor en todas esas cosas, sino que mi estado emocional y mi nivel de energía me tenían completamente cegado ante la idea de hacer cosas diferentes o de pedir ayuda.

Hemos hablado ya del enfoque como el punto al que diriges tu energía. Pero el enfoque tiene otra función un poco más primitiva: la conservación de energía. Durante el proyecto de Lo mío es tuyo, yo tenía una fuga tremenda de eso.

En 1996, el psicólogo Roy Baumeister realizó un experimento para agotar la fuerza de voluntad de los participantes. Metieron a más de sesenta personas en un cuarto donde olía a galletas de chocolate recién horneadas; luego, se las mostraron para antojarlos más, pero sin dejar que las tocaran. Después, a una parte de los participantes les permitían comerse las galletas, mientras que a la otra parte se les pidió que comieran rábanos.

Después de esta fase de tentación y degustación, a cada grupo les dieron un acertijo, el cual era casi imposible de resolver y estaba diseñado así a propósito para probar la persistencia de los participantes.

El psicólogo y su equipo de investigación descubrieron que quienes comieron rábanos hicieron muchos menos intentos y le dedicaron menos de la mitad del tiempo a resolver el acertijo, en comparación con el grupo que había comido galletas.

¿Qué nos dice el resultado de este experimento? ¿Que los que comen rábanos son menos inteligentes? La respuesta es "no". Más bien nos dice que nuestro nivel de energía impacta nuestra habilidad para tomar decisiones. Por ello, si queremos mejorar el impacto en nuestra vida y en nuestro negocio, debemos buscar la forma de hacer menos y no más.

A esta idea se la conoce como "minimalismo de decisión" y es el antídoto a la fatiga de decisión, aquella que yo tenía en mi negocio de compra y venta de electrónica usada. Esta práctica minimalista ha sido adoptada por algunas de las personas más exitosas del mundo, como los emblemáticos casos de Steve Jobs y Mark Zuckerberg, que siempre se visten igual. También, está el caso del hombre más rico del mundo, Jeff Bezos, CEO de Amazon, quien dice que solo toma tres decisiones importantes en su día, no más, y estas decisiones son en las cosas que más impacto pueden tener en su negocio.

La lección aquí es que incrementar el promedio de las tareas que realizas y de las decisiones que tomas va a tener un impacto negativo en la calidad de los resultados que obtienes. Pero esta idea de hacer menos y trabajar menos suena más fácil de lo que en realidad es. Por suerte, hay un sistema para lograrlo, al cual yo le llamo "el embudo del enfoque".

El embudo del enfoque está diseñado para definir qué hacer con cada una de las tareas y decisiones que tienes frente a ti y te permite, al final del proceso, solo enfocarte en lo que más te importa. Este modelo tiene cuatro pasos:

1. Eliminar
2. Simplificar
3. Automatizar
4. Delegar

El resultado es una selección de actividades esenciales para lograr tus objetivos, aquellas a las que tú agregas el máximo valor pero que, además, disfrutas hacer y haces muy bien: en estas acciones usarás tu tiempo genio.

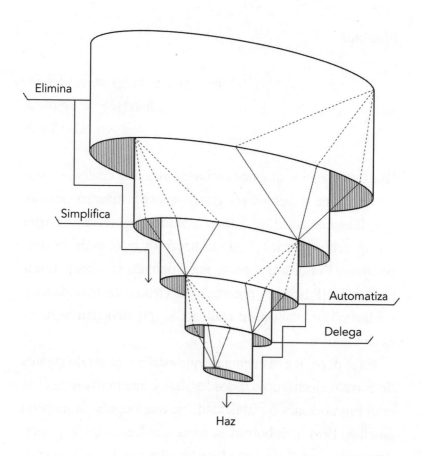

Elimina

Simplifica

Automatiza

Delega

Haz

Escanea el código para descargar el embudo del enfoque.

Eliminar

> *Nunca optimices algo que no debería*
> *hacerse en lo absoluto.*
> Oso Trava

Hay una creencia que nos esclaviza más que cualquier otra: creemos que debemos ser generosos con nuestro tiempo, que debemos decir "sí" a las solicitudes que recibimos para no cerrarnos puertas. Cuando hacemos esto, estamos desperdiciando nuestro recurso más limitado y valioso: nuestro tiempo. Buscamos optimizar las cientos de actividades y compromisos cuando, en realidad, lo que deberíamos hacer es eliminarlos.

Hace poco, me di cuenta de que estaba recibiendo cientos de correos electrónicos todos los días y que muchos de ellos eran promociones o publicidad, así que borraba la mayoría de ellos. Pero para borrarlos, tenía que leer el título y decidir si era algo que de verdad quería eliminar. Perdía al menos diez minutos todos los días en estar leyendo y filtrando los mensajes. Y quizá diez minutos se escuchan poco, pero si haces las cuentas, es una hora a la semana. Son cincuenta y dos horas al año, lo cual en realidad son dos días al año borrando correos. Suena tonto, pero así era. ¿Qué hice? Me borré de todas estas listas de distribución y, con ello, mágicamente gané dos días al año.

Dos días al año para meditar, para estar con mi familia, para hablarle a un amigo, para hacer sentadillas, para leer más libros. Ahora, simplemente, me cuestiono si la tarea que estoy haciendo me acerca al lugar a donde quiero ir; si mi respuesta es "no", la elimino. Y aunque evaluar todo el tiempo estas situaciones podría provocar fatiga de decisión, en realidad, cada que elimino una de estas actividades innecesarias, estoy tomando una decisión que me ahorra al menos cien decisiones más. Son decisiones que escalan y que, además, tienen reglas.

El autor y emprendedor Derek Sivers tiene una regla; para él, si la respuesta a un proyecto o una invitación no es un contundente "sí, por supuesto que sí", entonces, la respuesta es "no".

Tú puedes crear tus propias reglas. Si algo no te emociona tanto, entonces, elimina; si no te toma tan solo un minuto, elimina. Tienes dudas, elimina. Quítate ese falso orgullo de querer hacerlo todo y decir "sí" a cualquier cosa. Elimina las cosas que no te agreguen valor y en las que tú no agregues valor. Haz varios experimentos, cuestiona todo lo que haces para que puedas decidir qué debes eliminar. Sé brutalmente crítico. Esto es la guillotina, es lo que te dará tiempo para lo que sí vale la pena.

Comprométete con este ejercicio de eliminación, fija una fecha en la que dejarás de hacer esas cosas que ya analizaste que no te suman (idealmente de inmediato). Cuando descubras cuánto tiempo ahorras a la semana, te darás cuenta de que, mágicamente, puedes convertirte en un creador del tiempo. Poco a poco, conforme te acostumbres a pensar de manera más crítica sobre tu vida y sobre cómo usas tu tiempo genio, te volverás mucho más agresivo y cuidadoso de tu tiempo y tu habilidad para crear tiempo de la nada se convertirá en tu superpoder.

Decir "no" es la herramienta de productividad más efectiva del mundo.

Simplificar

Otra creencia que también nos hace esclavos de nuestro tiempo es considerar que el tiempo es dinero. Lo has escuchado siempre y esto lo que supone es que el dinero vale más que tu tiempo, que tu tiempo puede intercambiarse por esa codiciada posesión. No puede haber nada más lejos de la verdad.

Greg Palast, reportero de la BBC y *The Guardian*, escribe cómo en la Revolución Industrial, durante el siglo XVIII, hubo un invento que cambió el mundo más que cualquier otro: el reloj. Con esta invención, la economía global cambió de una en la que los humanos creaban valor y lo intercambiaban a través del trueque, a una economía en la que se desconectó a las personas del valor que creaban; entonces, lo que valía de una persona no era lo que generaba en términos de valor sino su tiempo. Se crearon las líneas de producción y con esto se limitó el impacto que cada individuo tenía sobre un producto final y fueron las corporaciones las que capturaron todo ese valor.

Se colocaron relojes en las torres de cada ciudad y pueblo. Esto era equidad, pues se popularizó la creencia de que el tiempo era aquello que todos tenían por igual, ricos y pobres, y a la gente se le impidió generar valor y se le permitió, a cambio, vender su tiempo. Ese era el sistema que funcionaba en ese mundo donde la única métrica que importaba era la eficiencia. Ahí fue donde las personas empezaron a obtener dinero a cambio de su tiempo y ganaban de acuerdo con las horas que trabajaban. Hoy no tenemos por qué seguir viendo las cosas de esta forma; podemos invertir esa creencia y liberarnos.

Hasta hace muy poco, mi esposa seguía gastando horas y horas en ir al banco, pagar servicios y sacar dinero. Vivía estresada por hacer todas esas cosas. Por más que le decía que eso que estaba haciendo era una pérdida de tiempo, ella me respondía que era algo que tenía que hacer. Mi esposa es alguien con acceso a herramientas, con educación y con tecnología, pero su mentalidad le impedía aprovechar todos esos recursos. Y como ese ejemplo hay miles. Yo hacía lo mismo cuando pasaba horas y horas haciendo reportes en Excel, en lugar de contratar un sistema de visualización de datos que me permitiera utilizar mi tiempo para tomar decisiones de mi negocio. ¡Gastamos tiempo para ahorrar dinero cuando deberíamos estar gastando dinero para ahorrar tiempo!

Aunque ya hablamos de eliminar, hay que reconocer que hay cosas que simplemente no podemos dejar de hacer, pero eso no quiere decir que no pueden hacerse mejor o que las tienes que hacer tú. Todo puede simplificarse, puede hacerse en menos pasos, pueden utilizarse herramientas que aceleren ese proceso.

Si ya analizaste todas las actividades que estás haciendo y decidiste que algunas no pueden eliminarse, entonces, hay que buscar la forma de simplificarlas. Haz una lista de las tres tareas más constantes en las que estás invirtiendo tu tiempo y que definitivamente tienes que seguir haciendo; analiza paso a paso cada etapa del proceso y simplifícalo a su máxima expresión. No caigas en la tentación de hacer las cosas "como siempre se han hecho". Los tiempos cambian y, probablemente, el resultado que buscas puede lograrse de una forma muchísimo más eficiente. Decide y toma acción; de esta forma, dejarás de ser un operador y te convertirás en un verdadero estratega de tu vida.

Automatizar

Existe una diferencia innegable entre el dinero y el tiempo. El tiempo es finito, el tiempo no regresa, pero el dinero sí. A veces, tienes más; a veces, menos; a veces, lo gastas; a veces, lo inviertes; a veces, lo ganas; a veces, lo pierdes. El dinero es fácilmente multiplicable; sin embargo, si tienes una buena estrategia, el tiempo también puede multiplicarse. ¿Cómo? A través de la automatización.

¿En qué piensas cuando hablo de automatización? No estoy hablando de robots; de hecho, el científico inventor y futurista Ray Kurzweil habla sobre cómo la inteligencia artificial y los robots no reemplazarán a los seres humanos, sino que los mejorarán y si bien se perderán puestos de trabajo, van a crearse muchos nuevos de ellos. Henry Ford decía que el hombre sin la máquina es un simple esclavo y que el hombre con la máquina se vuelve libre. Pero lo más importante de la automatización es que podemos automatizar los trabajos repetitivos, de procesamiento, de almacenamiento de información, para liberar nuestro tiempo y utilizarlo en lo que los seres humanos hacemos mejor: relacionarnos, soñar y, sobre todo, crear.

Automatizar nos libera para utilizar nuestra capacidad cognitiva flexible y simbólica. Ahora, piensa cómo puedes implementar el proceso de automatización en tu vida. Hay herramientas que van desde filtros y carpetas que puedes usar en tu correo electrónico, hasta herramientas para automatizar o domiciliar el pago de los servicios e, incluso, hasta cafeteras automáticas que te preparan tu café por la mañana.

Pero la automatización no solo viene con el uso de máquinas y herramientas, sino con la obviedad de un proceso de decisión. Por ejemplo, piensa a qué hora quieres levantarte todos los días y pon el despertador para cada día a la hora que decidas. De esta forma, ya no tendrás que ponerlo la noche anterior, ya está todo decidido automáticamente. Otro ejemplo: automatiza correos de seguimiento a clientes potenciales después de cierto número de días de tu último contacto, lo cual te permitirá no solo ahorrar tiempo, sino dar un mejor servicio y probablemente te genere más negocio.

Ahora bien, de aquellas actividades que no pudiste eliminar y que ya simplificaste al máximo, identifica si en alguna de ellas podrías establecer reglas de automatización. Tal vez hay algo que automatizar en la generación de tus juntas repetitivas o quizá decidas vestirte de la misma forma toda una semana o vas a comer lo mismo por varios días o vas a asignarles etiquetas a ciertos contactos para que sus mails se archiven de forma automática en una carpeta.

La automatización de decisiones es una manera de ganar tiempo. Patrick McGinnis, creador del término FOMO (*Fear of Missing Out* o Miedo de perderte algo), me contó cómo si hay decisiones cuyo resultado no será relevante en unas horas o al día siguiente, las decide con un simple volado. Así, fácil y sin perder más tiempo.

Escanea el código para escuchar el episodio de *Cracks* con Patrick McGinnis.

Una vez que implementes estas reglas de automatización, analiza cuál fue el resultado después de una semana. Qué fue lo que ganaste en términos de tiempo, en términos de energía. Cómo eliminaste o qué impacto tuvo en tu fatiga la decisión. Qué pudiste aprender de este ejercicio y, si te funcionó, en qué otras actividades puedes aplicar este sistema de automatización. El principal resultado que debes obtener después de todo esto es: más tiempo y libertad.

Delegar

Algo que muchos emprendedores que asesoro me comentan es que batallan con la idea del control, de delegar a alguien más. Sienten que les tomará más tiempo entrenar a su equipo que hacer ellos mismos lo que realizan tan fácilmente. Es cierto, delegar implica tener cerca a personas de suficiente nivel que puedan asumir esas responsabilidades que quieres delegar, pero tienes que entender que si no desarrollas tu capacidad para delegar, es imposible crecer. Y con crecer no necesariamente me refiero al tamaño de una empresa, sino a cómo disfrutas tu vida. Decidir qué no hacer es tan importante como decidir qué sí hacer.

Por muchos años, como ya te conté, fui el director general que con orgullo hacía todo y asumía todos los roles posibles de la empresa. Pensaba que estaba ahorrando dinero y ayudando a la compañía; incluso lo llevé, tal vez, un poco más allá de lo que imaginas. Fue entonces cuando descubrí el concepto del tiempo genio y empecé a aplicarlo en mi vida y no solo me di cuenta de que delegando podía comprar tiempo para mí, sino que, además, con ese tiempo liberado, podía generar más oportunidades de negocio. Empecé a aplicar mis habilidades en áreas en las que sí ayudaba a mi empresa a crecer y eso generaba recursos suficientes para pagarles a las personas que hicieran todas las cosas que yo hacía y en las que ni siquiera era bueno o, peor aún, no disfrutaba. Llegar a delegar es una decisión complicada, pero si llegaste hasta aquí, ya entiendes el valor que tiene tu tiempo.

Y bien, ¿cómo delegar? Lo primero que debes hacer es tener esta lista de actividades de todo lo que es importante para ti y que tú estás haciendo. Ahora, ha llegado el momento de preguntarte cuáles de todas estas tareas son las que menos te gusta hacer, cuáles son las que utilizan menos tu tiempo genio y en las que eres menos bueno. Entender qué tareas, incluso si estás utilizando tu tiempo genio, no generan el mayor impacto hacia tus objetivos o los de tu empresa es el primer paso para delegar.

Puedes también empezar a delegar actividades que no tienen muchas consecuencias o que son fácilmente reversibles, cosas en las que si alguien se equivoca, pueden corregirse de manera fácil. Después, delega todas aquellas cosas que no son importantes pero tal vez son urgentes. Identifica quién puede hacer eso, quién puede cargar el peso del estrés de esa actividad. Hacer eso te permitirá minimizar riesgos, reducirá tu propio estrés y te permitirá a ti y a tu equipo aprender del fracaso.

Una vez que definas qué vas a delegar, entonces necesitas crear un sistema que te ayude a delegar con éxito y, para ello, existen tres tareas básicas:

1. Definir objetivos para tu equipo; tenerlos muy claros y comunicarlos.
2. Darles las herramientas que requieren para conseguir dichos objetivos.
3. Volverte un líder servicial que elimina obstáculos. Conviértete en una herramienta para tu equipo; delegar no significa desconectarte.

Si implementas este sistema para delegar de manera eficiente, las horas que necesitas para guiar a las personas que harán el trabajo disminuirán. La idea es liberar la mayor cantidad de tiempo y energía para que las utilices en pensar y crecer y crear; de lo contrario, será muy difícil obtener los resultados que esperas.

El autor y consultor de negocios Mike Michalowicz, en su libro *Clockwork,* habla del modelo de las "4 D", en cuanto a los roles del emprendedor:

Doing - Hacer
Deciding - Decidir
Delegating - Delegar
Designing - Diseñar

En él recalca que el rol al que debe aspirar un líder es al último, en el que genera más valor y crea el futuro de su negocio, así como tú quieres crear el futuro de tu vida.

Así que una vez que has completado todos los pasos del embudo del enfoque, tendrás la claridad de qué es lo que deberías estar haciendo tú, dónde vas a tener más impacto por estar utilizando tu tiempo genio y habrás liberado un mundo de horas que puedes utilizar para conseguir la vida que has imaginado.

Capítulo 4

Toma acciones de impacto

Definir un problema es la mitad de la solución.

Oso Trava

En una ocasión, tuve la oportunidad de platicar con Carlitos Páez, un sobreviviente de los Andes. Carlitos escribió un libro titulado *Después del día 10*. En él cuenta la hazaña que vivieron después del accidente que los dejó varados en la nieve, en las montañas de la cordillera de los Andes. Además de la impresionante historia de sobrevivencia de Carlitos, lo que más me llama la atención es el título del libro. La metáfora del día diez que el autor nos describe en su historia es fascinante. Él cuenta que ese día es, en realidad, el día en el que la historia cambió.

Llevaban ya diez días esperando ser rescatados; de hecho, habían pasado dos aviones de búsqueda por arriba de ellos. Al escuchar el motor de los aviones que pasaban tan cerca, los sobrevivientes gritaban en júbilo y festejaban convencidos de que los habían visto; sin embargo, pasaban los minutos, las horas y el rescate no llegaba. Carlitos y sus compañeros no perdían la esperanza; continuaban esperando que llegara el tan esperado rescate. Pero a partir de ese día diez, la historia sería completamente distinta. Gustavo Nicoletti, compañero de Carlitos y quien era el encargado de escuchar las noticias en el radio que tenían, entró en el fuselaje donde se encontraba descansando Páez y le dijo:

—Carlitos, tengo una buena noticia para darte.

Quiso darle la noticia a él, ya que Carlitos era el más malcriado y el más consentido del grupo de supervivientes, a quien más tenían que proteger. Carlitos, esperanzado y con una ilusión enorme en la cara, le respondió ansioso:

—¿Qué pasó, Gustavo?, contame.

Carlitos estaba seguro de que con esa noticia, la agonía estaba por terminar; que seguramente Gustavo le informaría que los habían encontrado y que era cuestión de horas para que volvieran a estar a salvo en casa junto a sus familias. Sin embargo, la noticia que Gustavo tenía que darle fue algo que nadie esperaba.

—Acabo de escuchar en la radio chilena que daban por finalizada la búsqueda del avión uruguayo. Que iban a venir a buscar los restos del avión y sus tripulantes en febrero, cuando baje la nieve —dijo Gustavo, convencido de que esa era una buena noticia.

Carlitos lo miró desconcertado; no podía creer lo que estaba escuchando pero, especialmente, no podía entender cómo eso era una buena noticia. ¡Carlitos me contó que lo quería matar!

—¡Cómo que una buena noticia!, ¿de qué hablas? —respondió Carlitos con frustración.

Y fue ahí donde Gustavo le daría una gran lección, una lección que lo acompañaría por el resto de su vida:

—¿Sabes por qué es buena noticia? Porque ahora dependemos de nosotros mismos y no de los de afuera. Como dependemos de nosotros, ahora tenemos que encontrar nuestros propios recursos.

"¡Qué razón tenía Gustavo!", reconoció Carlitos en la entrevista. A partir de ese momento, todos los integrantes de la tripulación tenían que dejar de sobrevivir y empezar a vivir. Ya no podían ser aquellos náufragos que siempre están esperando que alguien más los salve. A partir de ese momento, tuvieron que tomar el timonel de su propio barco y ser dueños de su propio destino, de su propia historia, sin depender de nadie más que de ellos mismos.

Escanea el código para escuchar el episodio de *Cracks* con Carlitos Páez.

¿Cuántas veces no hemos sido espectadores de nuestra propia vida esperando a que "algo pase"? A mí me ha pasado muchas veces, pero también he aprendido que, para tomar el control de nuestra vida hay que tomar acción, hay que implementar acciones de impacto que nos muevan hacia nuestros objetivos. Porque no se trata de tomar acción nada más; se trata de tomar acciones correctas. No se trata de trabajar duro; se trata de trabajar duro en lo que realmente importa, en lo que va a hacer la diferencia en tu vida.

Con todas las herramientas que has aprendido hasta ahora, acerca de cómo manejar tu tiempo, te será más fácil entender qué acciones vale la pena tomar y cómo administrar tu tiempo para conseguir esa vida con significado.

Cuando empecé a ser más crítico con mi tiempo, me fue muy fácil liberarme de trabajo inútil; pero en el segundo que tuve más tiempo en mis manos, la verdad, no supe qué hacer con él. Lo peor es que empecé a sentirme muy ansioso por no tener qué hacer y, entonces, ¿qué fue lo que hice? Lo llené con más trabajo inútil y cosas que, para ser sincero, ni me acuerdo qué fue lo que me generaron. A esto me refiero con asegurarte de tomar acciones de impacto, asegurarte que tu tiempo está invertido de la mejor manera hacia verdaderas actividades que te acercarán a tu objetivo. Es fácil estar ocupado, pero es difícil estar ocupado en las cosas correctas.

Finalmente, no esperes más a que alguien te rescate, porque nadie lo hará. Se trata de tomar el timón para dejar de ser un sobreviviente y empezar realmente a vivir tu propia vida, tomando acción, pero asegurándote de que esas acciones son las correctas, son acciones de impacto.

CREA UN PLAN BASADO EN EL FUTURO

"En el deporte, no hay golpe de suerte", me dijo el campeón mundial de boxeo Juan Manuel Márquez, cuando me platicaba en el podcast acerca de su épica pelea contra Manny Pacquiao, aquella donde lo derrotó por nocaut y no solo ganó la revancha a las peleas anteriores que había perdido por decisiones dudosas de los jueces, sino que, con ese derechazo, consagró su carrera.

Durante su etapa de entrenamiento, el campeón Márquez solo tenía una pregunta en su cabeza: "¿Cómo puedo ganarle para que no quede duda?". Parecía haber dos posibles respuestas: ganarle ampliamente *round* por *round* o noquearlo. Juan Manuel me dijo que aunque en este deporte nunca piensas en un nocaut, en este caso era prácticamente la salida más viable. Día y noche, mientras entrenaba, mientras comía, mientras dormía, siempre tenía en su cabeza la misma pregunta. Para poder conseguir esa hazaña, el campeón mexicano estudió todos los movimientos de su oponente, ya que se conocían muy bien; habían peleado 36 *rounds* anteriormente, pero ahora era el momento de estudiar escrupulosamente cada movimiento. En ese meticuloso estudio, Márquez se dio cuenta de que Pacquiao siempre hacía una finta con los pies para distraer y luego intentaba entrar con un golpe. Mientras hacía ese movimiento, descuidaba su defensa del rostro. Esa parecía ser la oportunidad de Juan Manuel, así que se puso a practicarla con su *sparring* en todos sus entrenamientos. Una y otra y otra vez, durante meses, el mismo movimiento.

Finalmente, la pelea llegó: Márquez aún recuerda cómo se escuchaba *Cielito lindo* en el pasillo de los nervios, el que te lleva al *ring*, *Cielito lindo* coreado por los miles de fanáticos que se encontraban acompañándolo esa noche en Las Vegas. Márquez tenía un plan, un objetivo y una meta que había trabajado física y mentalmente. Sin embargo, en la vida y en los deportes no siempre salen las cosas tal y como lo esperas; a pesar de que tengas un plan y de que te hayas preparado, casi siempre tienes que luchar contra la corriente. En el quinto *round* de la pelea, Pacquiao conectó un perfecto golpe en la nariz de Márquez, desviándole el tabique, lo cual provocó una fuerte hemorragia. A partir de ese momento, la pelea empezó a complicarse y parecía que los planes de revancha de Márquez jamás culminarían, decepcionando no solo a él mismo sino a la afición de todo un país. Pero Juan Manuel jamás se rindió; él estaba dispuesto a continuar esa pelea hasta el último *round*.

Llegó el sexto *round* y, a tan solo diez segundos de terminar, Pacquiao hizo la finta que Márquez tanto había esperado. En milésimas de segundo, el campeón reaccionó, dando un golpe de quinientos kilos de potencia en la cara de su oponente. Tal y como lo había practicado. Al verlo caer, sabía que Pacquiao no se recuperaría, por lo que le dijo al referí: "Cuéntale hasta trescientos si quieres; ese no va a levantarse".

Esa noche, Márquez alcanzó la gloria, después de una carrera de sacrificio, esfuerzo, disciplina y lucha. Tuvieron que pasar cuatro peleas para que finalmente pudiera conseguir ese resultado. ¿Qué cambió en esta ocasión? La estrategia.

**Escanea el código para escuchar
el episodio de *Cracks* con
Juan Manuel Márquez.**

Einstein definía la locura como hacer la misma cosa una y otra vez mientras se espera un resultado distinto. Muchas veces hacemos eso en la búsqueda de nuestros objetivos: intentamos una y otra vez lo mismo, deseando que esta vez sí nos salgan las cosas. ¿Qué tenemos que hacer entonces? Cambiar la jugada; necesitamos crear una manera de generar acción grande y constante pero inteligente.

La creencia popular dice que la mejor manera de lograr lo que queremos en la vida, ya sea crear un negocio, ponernos en forma, construir un negocio exitoso, relajarnos más, preocuparnos menos o pasar más tiempo con amigos y familiares, es establecer metas específicas y prácticas. Y sí, hemos hablado mucho de eso hasta ahora y lo hemos tocado una y otra vez; en definitiva, sin metas bien definidas, va a ser muy difícil, prácticamente imposible. El problema viene cuando fijamos metas y esperamos que sean las propias metas las que nos atraigan hacia ellas, como por un poder extraordinario.

¿Cuántas veces has escuchado la idea de visualizar algo y que eso, por sí mismo, hará que se materialice? A lo largo de mi vida, me he fijado metas ambiciosas; algunas incluso las lograba, otras no, pero la realidad es que había muy

123

poca consistencia en mis resultados; me di cuenta de que mis resultados tenían en realidad muy poco que ver con las metas que me había fijado, pero sí mucho que ver con los procesos que había seguido para lograrlas.

No importa el área de la vida; si te fijas una meta, lo importante no es la meta en sí, sino el sistema y los procesos que implementes y que sigues para lograrlas.

El escritor James Clear plantea una pregunta muy interesante: crees que si no te enfocaras en tus objetivos y solamente te enfocaras en el sistema, ¿podrías aun generar resultados? Cuando pienso en esa pregunta, la respuesta que viene a mi mente es que sí y lo mismo pensaba Bill Walsh, el entrenador de los 49 de San Francisco.

Bill Walsh, quien ganó tres *Super Bowls* y fue nombrado entrenador del año en 1981 y 1984, escribió el libro *El marcador se encarga de sí mismo*. ¿Qué quiere decir Bill Walsh con esto? Bueno, lo que quiere decir es que no subimos al nivel de nuestros objetivos, de nuestras metas; en realidad, lo que pasa es que bajamos al nivel de nuestros sistemas o como lo decía el filósofo y poeta griego Arquíloco: "No subimos al nivel de nuestras expectativas, bajamos al nivel de nuestro entrenamiento".

¿Cuál es la diferencia entre un equipo que gana el campeonato y uno que queda en último lugar? La verdad es que no creo que haya muchos equipos que entran a una competencia con la idea de perder. Todos los boxeadores se suben al *ring* pensando que saldrán con la victoria; todos los atletas olímpicos quieren una medalla de oro. Es decir, los ganadores y los perdedores tienen los mismos objetivos. Pero entonces, ¿por qué hay unos que ganan y otros que no? La respuesta está en sus sistemas.

Y ahí te va algo más: un mal sistema no solo te impide lograr tus objetivos, sino que aun si llegaras a lograrlos, si tu sistema es deficiente, en el largo plazo regresarás a tu punto de partida, es decir, a un desempeño subóptimo. Volverás a subir de peso, vas a volver a endeudarte, tal vez perderás la pelea de revancha.

Tener un sistema es lo que importa y comprometerse con el proceso es lo que, en verdad, va a marcarnos la diferencia. Entonces ¿cómo creamos un sistema que nos genere exactamente los resultados que estamos buscando?

Para eso utilizamos una técnica que se llama "ingeniería inversa".

La ingeniería inversa es el proceso mediante el cual un objeto se deconstruye, se desarma. Para revelar todas sus partes, su diseño, su arquitectura, su código. ¿Para qué? Para poder replicarlo o saber cómo fabricarlo.

Esto quiere decir que lo que crearemos será un sistema específico para que, si lo seguimos y lo utilizamos de manera adecuada, obtengamos el resultado exacto que buscamos.

El proceso de ingeniería inversa para la consecución de resultados tiene cuatro pasos.

En el primer paso desmenuzas, desbaratas la meta que has fijado como final, en puntos de control que van del resultado actual. Es decir, identificar el resultado que quieres obtener cada trimestre o cada mes.

El segundo paso es definir actividades semanales que, si se realizan, nos entregarán los resultados mensuales que marcan esos puntos de control. No puedo subrayar más la importancia de este concepto y, por eso, hablaré de esto más adelante.

El tercero es implementar lo que yo llamo "actividades absurdas". Son actividades que refuerzan diariamente el sistema de una manera constante y permanente, pero sin mucho esfuerzo. Son las que, con un mínimo de exigencia, "echan la bola a andar."

Y, por último, el cuarto paso es apegarse al sistema.

Yo, por ejemplo, decidí enfocarme en mis relaciones; quiero volverme un conector; esa es la identidad que quiero asumir y, para lograrlo, fijé una meta de reunirme con veinticinco personas diferentes en un año. Y estas no son personas cualesquiera; tienen que ser personas fuera de mi círculo inmediato, personas que expandan mis horizontes. Podría engañarme a mí mismo y empezar a ver a mis amigos y contarlos como personas extras, pero no estaría trabajando para lograr lo que quiero.

Elije tu objetivo o meta más importante que quieres lograr en los próximos doce meses. Establece tu sistema, las acciones absurdas, las acciones que no son negociables y apégate al plan. Tendrás un sistema replicable e implementable, fácil de seguir y comprobado, cada que requieras conseguir el mismo objetivo en otra área o en otra etapa de tu vida.

PARTEAGUAS DE LA SEMANA

Hace poco, yo estaba muy contento porque las cosas iban bien en mi vida. El 2021 ha sido un gran año para mí y mi familia. Mis negocios han crecido, he podido pasar más tiempo con mis hijos y, en general, me he rodeado de gente increíble que me ha ayudado a hacer mis sueños realidad.

Pero hubo un momento en que, sin darme cuenta, perdí todo eso de vista. Había pasado mucho tiempo tratando de reclutar a alguien para un puesto clave en mi equipo. Invertimos muchas horas y bastante dinero en el proceso de reclutamiento y después de todo ese esfuerzo logramos encontrar a la persona que creíamos que era la indicada. Yo estaba muy contento porque pudimos contratar justo a tiempo a esta persona, en un momento clave donde su contribución sería de gran ayuda para la misión del negocio.

Lo entrenamos rápido, le dimos las herramientas que necesitaba y, lo más importante, le dimos nuestra confianza. Una vez que esta persona empezó formalmente a trabajar en el equipo, nos enfocamos en nuestro trabajo, haciendo el mejor uso de nuestro tiempo y dejándolo a él trabajar en lo que era especialista. Le dimos su espacio, esperando obtener los resultados a los objetivos propuestos. Sin embargo, a los pocos días de empezar en su trabajo, ya con toda la responsabilidad que le habíamos asignado, ya con toda nuestra confianza, de la nada, dejó de respondernos. Así, sin aviso, abandonó el puesto.

Yo estaba verdaderamente furioso. Habíamos invertido tanto y teníamos tantas expectativas en su trabajo y desempeño y simplemente desapareció. Estábamos peor que antes de que llegara, porque el reloj corría en contra de nosotros, para poder entregar el proyecto que le habíamos asignado y, peor aún, ahora necesitábamos ejecutar a marchas forzadas, porque ya estábamos muy retrasados.

Honestamente yo no lo asimilé muy bien y, aunque sé que no debía hacerlo, me tomé esta situación hasta un poco personal. La verdad, en ese momento dejé que una montaña de negatividad tomara control sobre mi mente y sobre mi cuerpo.

Yo sabía que perderme en ese sentimiento no iba a traer nada bueno a la situación actual y lo que necesitaba era regresar a mi enfoque.

Este tipo de situaciones inesperadas, que no controlamos, pasan todo el tiempo. Hay que aceptarlo, son normales. No estaba bajo mi control y, probablemente, me van a seguir sucediendo, así como probablemente te sucedan a ti.

Entonces, lo que hice fue entender la gravedad de la situación y tomar pequeñas acciones, pero fundamentales y contundentes para poder sacar el proyecto adelante. Antes de que se diera esta situación, por supuesto, creíamos tener más tiempo y más recursos para cumplir con los objetivos holgadamente. Sin embargo, ahora el escenario era otro; no podíamos darnos el lujo de desperdiciar tiempo, recursos y energía. Esto nos obligó a identificar las tareas más trascendentales y enfocarnos en ellas, en lugar de hacer todo a la vez. Cada semana, definíamos una tarea que estaba por encima de todas y nos enfocábamos en ella. Esa tarea era casi casi de vida o muerte; no podíamos terminar la semana sin ejecutarla. Solo así pudimos retomar el rumbo y rescatar el proyecto.

Cuando pensamos en acciones que nos acercan a nuestro destino, encontramos muchas que son útiles, que nos sirven. Pequeñas cosas que tenemos que hacer, por ejemplo, si vas a hacer ejercicio, algunas de las acciones que debes ejecutar pueden ser: adaptar un espacio en tu casa para ello o desempolvar tu tapete de yoga o quitar la ropa recién lavada de la bicicleta estática. Hay muchas cosas que podrías hacer.

Si bien estas acciones, además de útiles, son importantes, debes identificar cuáles no son negociables. Estas son las acciones que si no realizas no solo dejarás de avanzar hacia tu objetivo, sino que disminuirán tus probabilidades de éxito. Son acciones que al realizarse te colocan en un nivel diferente. Es un paso del que básicamente ya no puedes retroceder y que fija un nuevo punto de partida para ti.

A estas acciones yo les llamo "parteaguas" y como las considero de una forma semanal, son mis "parteaguas semanales". Cada semana, identifico cuál es esa acción no negociable que me mueve más hacia mis objetivos, hacia mi próximo punto de control.

Puede ser pagar el gimnasio, abrir una cuenta de ahorro y programar una domiciliación, o implementar un cargo que se haga en automático para que puedas empezar a invertir. Puede ser tener una reunión importante con alguien que tiene una respuesta que buscas, inscribirte a un nuevo programa de desarrollo para adquirir nuevas habilidades que necesitas, hablar con cierto número de prospectos. En fin, siempre habrá una actividad que hace toda la diferencia y en esa tienes que enfocarte sin pretexto y hacer un corte semanal para medir no solo su cumplimiento sino su impacto.

Estas acciones son cosas que sí o sí tienen que pasar y que si terminas la semana habiendo hecho eso, y solo eso, tu semana habría sido un éxito en cuanto al plan que diseñaste.

Cuando eliges solo una cosa importante para hacer, un parteaguas, puedes enfocarte en eso como un láser; sabrás qué es lo más importante. Tus excusas se verán obligadas a desaparecer. ¿Por qué? Porque dijiste que lo harías. Estás comprometido con esta única cosa.

Cuando te levantes por la mañana piensa en tu acción, en tu parteaguas. ¿Cuándo vas a hacerlo? ¿Cómo vas a hacerlo? ¿Dónde tienes que estar para que esto suceda? Hay estudios que muestran que si eres intencional sobre el cómo, el cuándo y el dónde vas a realizar una nueva acción o implementar un nuevo comportamiento, existen más del doble de probabilidades de que lo hagas con éxito. Mantenlo bien presente en tu mente, planéalo y agéndalo en tu calendario.

Es posible que te resistas a elegir solo una cosa, nos cuesta trabajo enfocarnos, tal vez sentimos que necesitamos cambiar varias cosas en nuestra vida, cosas que no pueden esperar y que parecen igual de importantes que las demás. Tal vez te preguntes si no tardarás demasiado en lograr los resultados que quieres si solo haces una cosa a la vez. Pero quiero comentarte que esto no va a pasar: enfocarte en una cosa muy importante, muy significativa y con mucho impacto a la vez es, sin lugar a duda, la forma más inteligente de conseguir tus objetivos. La clave está en encontrar el balance entre algo que sea de un gran impacto, pero que sí pueda terminarse en esa semana. Si es algo cuya realización lleva más de una semana, entonces, piensa de nuevo. Tienes una semana para moverte hacia adelante de una manera significativa.

Recuerda: no intentes tirar una pared de un solo golpe; identifica cuál es el ladrillo que la hace fuerte y concéntrate en ese.

Define esa acción especial y anótala. Después, comprométete a hacerla en una fecha que no pase de esta semana. Escribe la fecha y cuando la completes, regresa a anotar que lo lograste.

Verás que, poco a poco, semana a semana, al cumplir tus parteaguas, darás pasos gigantescos que te acercarán no solo a tus puntos de control, sino a tu gran objetivo planteado.

LA VIRTUD DE LA PACIENCIA

Hace unos años, participé en el concurso de *Fear Factor* en Buenos Aires, Argentina. Se trataba de un *reality show* de TV en el cual tenía que pasar varias pruebas. Cuando participas en un programa como este, nadie de la producción te dice cuáles son las pruebas que te tocará enfrentar; sin embargo, yo conocía el programa perfectamente bien, porque siempre me han llamado la atención los retos y las pruebas físicas que tienes que completar contrarreloj, por lo que yo ya tenía una muy buena idea del tipo de pruebas que tendría que superar, así que me puse a entrenar. Estaba muy confiado en que tenía todo para ganar la competencia y decidí diseñar un plan detallado de cómo conquistar cada reto.

Después de varias semanas de entrenamiento intenso, la seguridad en mí aumentó aún más. Me sentía más fuerte que nunca, sabía que nadie podía ganarme el primer lugar. Sabía que esos quince mil dólares que se llevaba el ganador serían míos y me los traería en la maleta de regreso a casa.

Finalmente, el momento de la competencia llegó. El primer día, en la primera prueba, tenía que meterme en un cilindro de acrílico que estaba cerrado hasta arriba con tres candados. Al cilindro lo llenaban con chorros de agua, la cual subía rápidamente y yo tenía que escapar de ahí antes de ahogarme. Yo traía un llavero con varias llaves y tenía que encontrar cuál de todas abría cada candado para poder escapar a tiempo.

Ya había visto varias veces esa prueba por televisión y sabía, según yo, cómo vencerla. Mi plan era ser paciente y esperar a que el agua subiera un poco para que yo pudiera flotar y así, probar cada llave y poder abrir los candados con calma. Esa prueba, la primera del concurso, ya era mía.

Primero, pasaron los otros competidores; a mí me tocó pasar al último y, en ese momento, pensé: "El mejor siempre va al último". Yo esperaba impaciente hasta que, finalmente, el gran momento llegó. Salí a la cancha a toda velocidad;

mi debut en la televisión y mis minutos de fama ya eran una realidad. Estaba seguro de que todos los ahí presentes y los miles que nos veían en televisión serían testigos de mi gran potencial y destreza. Solo que… no lo logré. Me sobrepasó el agua y perdí la prueba.

Yo que era más alto que los otros, que había visto la prueba miles de veces y que la había ensayado, fracasé como nunca imaginé. Se supone que iba a esperar un poco para poder flotar, que mis brazos iban a subir por encima del agua sin problema y que, tranquilamente, iba a poder abrir. Mi plan era perfecto, pero mi mente me traicionó y fui el primero en perder. Hice exactamente todo lo que no debía hacer, lo que estaba en contra del plan que yo mismo había diseñado. Intenté hacer más cosas de las que había planeado, intenté brincar para alcanzar los candados antes de que alcanzara el agua, quise hacer cosas para las que no me había preparado, fui impaciente y cambié el plan.

Quedé eliminado. Lo consideré un fracaso total porque no pude pasar ni a la segunda prueba. Por suerte, en ese entonces, no existía YouTube, si no el fracaso (y mi entrevista llorando de coraje) hubiera sido mucho más público.

Esta experiencia me dejó una gran lección: no intentes hacer más por hacer más, ten un plan y apégate a él, pero sobre todo, ten paciencia.

A veces, entre más hacemos para crecer y conseguir resultados, menos valor marginal conseguimos. Imagina un presupuesto de marketing: tal vez tus primeros dólares te dan ciertos resultados, pero el hecho de invertir un poco más no te trae proporcionalmente los mismos resultados; el valor marginal de cada uno de esos dólares irá decreciendo a medida que vayas gastando más. Diluimos nuestros esfuerzos cuando hacemos más en vez de darle calidad a lo que mueve la aguja. Lo mismo sucede en un debate. Tener más argumentos con poca fuerza debilita nuestros argumentos más poderosos, abriendo espacio para un contraataque.

Vivimos en un constante deseo de crecer. Creemos que si no hacemos nada no creceremos. Perseguir el más, más, más es verdaderamente frustrante, porque a veces entre más hacemos, menos llegamos a donde queremos estar. Perdemos de vista que las cosas que valen la pena toman tiempo, queremos todo para ya, todo rápido y no entendemos que para crecer no solo hay que hacer las acciones correctas, sino también hay que tener paciencia.

La paciencia es la estrategia de crecimiento menos apreciada. ¿Por qué lo digo? Porque un trabajo consistente, un trabajo bien hecho y que se hace repetidamente necesita un periodo para generar resultados. Si decides ir al gimnasio, no vas a ver tu abdomen plano al otro día; necesitas ser consistente por un largo periodo. Si pones un negocio, no esperes ver grandes ingresos en el primer mes; necesitas ser consistente y persistir por varios meses, incluso años. Desafortunadamente, la mayoría no tiene paciencia para perseguir lo que vale la pena en la vida.

¿Cómo lograrlo entonces? ¿Cómo tener paciencia? ¿Cómo podemos de verdad aprovechar sus bondades? Una vez que tienes claridad de cuál es el trabajo que debes hacer para llegar a tus objetivos, dales tiempo a tus acciones; es la única forma de ver resultados.

La clave de toda riqueza es el interés compuesto: algo aumenta consistentemente con el tiempo hasta alcanzar un crecimiento exponencial. El crecimiento se acumula y crece sobre el mismo crecimiento. La paciencia y el tiempo hacen que un buen trabajo, hecho con consistencia, se traduzca en grandes resultados. Y esto sucede en cualquier área en la que se aplique.

Cuando yo lancé *Cracks Podcast,* me acordé de platicárselo a uno de mis amigos. Le dije: "Escucha mi podcast; tengo tres episodios". Y me hizo una cara como de: "¿Qué pretendes? ¿Por qué estás haciendo esto?". Y ahora, con más de 140 episodios semanales consecutivos, millones de descargas y miles de personas consumiendo este contenido, puedo ver que el producto de la paciencia, de la constancia y de la calidad es contundente conforme pasa el tiempo.

Haz menos, pero haz lo importante y hazlo constantemente. Hay una frase de los soldados de la marina norteamericana que dice: "Lento es suave; suave es rápido". La paciencia y el tiempo hacen que un buen trabajo se traduzca en gran prosperidad.

PARTE III

SIGNIFICADO

Capítulo 5

Tus dos batallas

Ningún árbol, se dice,
puede crecer hasta el cielo a menos que
sus raíces lleguen al infierno.
CARL JUNG

Mi infancia fue muy normal, sin carencias, pero tampoco una de lujos y excesos. Mis padres eran dentistas, ambos muy trabajadores, pero vivíamos con lo justo, en una casa comprada con ayuda de mi abuelo y que, por lo normal, recibía menos mantenimiento del que merecía.

En la primaria, yo era un pez fuera del agua. Estudiaba en una de las escuelas más prestigiosas de todo México. Mis compañeros de clase vivían en inmensas mansiones, viajaban a lugares increíbles los fines de semana y sus familias siempre estaban rodeadas de guardaespaldas. Y entre ellos, intentando encajar en un mundo que no era el mío, estaba yo: el niño de los tenis Reebok piratas, el becado.

Esa época marcó mi manera de relacionarme con el dinero. Crecí comparándome con mis amigos y tratando de encontrar una lógica por la que mi vida no era tal y como la de ellos. Tal vez sus papás habían tenido que sacrificar algo de mucho valor, como sus familias y su libertad, para poder llegar a donde estaban, o tal vez algo peor. Aunque mi experiencia con todos ellos y sus familias siempre fue impecable, me consolaba con cuentos sobre ese "lado malo" que deberían tener sus vidas.

Mi familia, mis creencias y yo vivíamos a solo cien metros de una de las colonias más exclusivas de la ciudad. Por supuesto, el esplendor no llegaba hasta nuestra calle, que estaba llena de baches y espolvoreada con vecindades de familias militares. Y así crecí, siempre a pocos metros de algo más.

A pesar de no pertenecer a una familia tan acomodada, sin duda tenía muchas cosas a mi favor. No destacaba por el coche en el que me iba a buscar mi mamá a la escuela, pero sí por mis calificaciones. No tenía una acción en el club de golf, pero sí en el cuadro de honor. Aun así, siempre quise más y puse toda mi energía en obtenerlo. Aproveché ese ímpetu para estudiar en una buena universidad, luego hacer una maestría en una de las mejores universidades del mundo y, finalmente, irme a vivir a Nueva York para trabajar en un gran banco internacional.

Sin embargo, todo lo vivido en mi niñez me hizo desarrollar muchas creencias que cargaba como lastre y me impedían lograr lo que más quería yo. Por mucho tiempo pensé que las únicas formas para tener éxito en la vida eran trabajar duro y sacrificar mi libertad o envolverme en algún negocio turbio donde el dinero vendría rápido. En mi mente, el trabajo sin descanso y el "sacrificio" eran el único camino. La idea tenía un tinte muy negativo; no lo veía como una entrega consciente y apasionada a cambio de resultados positivos, sino como un intercambio forzoso. Según yo, mi teoría estaba más que comprobada; la fórmula del éxito solo funcionaba a cambio de un gran sacrificio; lo había visto con mis propios ojos a través de un primo materno que era muy trabajador. Él, quien se había convertido en un ejemplo de superación y la "estrellita de la familia", llegaba a presumir de su reloj Rolex que había podido comprarse después de pasar meses trabajando en el campo con unos norteamericanos. Para mí no había de otra; había que sufrir para conseguir algo. Y yo estaba decidido a lograrlo.

Mi obsesión por el éxito me convirtió en un rehén de mis creencias con respecto al dinero, al deber ser, a los valores y a los principios. Y eso provocó que, por muchos años, viviera una vida sin sentido, con la búsqueda del éxito económico como mi prioridad casi absoluta, pero sin entender por qué o para qué. Estuve a punto de perder a mi familia y perderme a mí, en una búsqueda que no me llevó a ningún sitio, en un camino que ni siquiera supe trazar. Vivía persiguiendo una misión, pero vivía sin un propósito.

Nada le da a una persona tanta plenitud interior y paz como una comprensión clara de hacia dónde se dirige. El autor americano Robert Brown escribió que "el propósito de la vida es una vida con propósito".

Para mucha gente, encontrar la dirección correcta en la vida es un problema existencial. Para mí también lo fue. Pero aunque tener una dirección clara es necesario para lograr nuestros objetivos, la verdad es que no es suficiente.

Dostoyevski decía que "el misterio de la existencia humana no radica solo en mantenerse con vida, sino en encontrar algo por qué vivir". No hay nadie que ejemplifique mejor esto que Viktor Frankl.

Durante la Segunda Guerra Mundial, Viktor Frankl estuvo prisionero en los campos de concentración nazis. Tuvo que soportar agonía, brutalidad y un escenario muy hostil. Lo único que impidió que Frankl renunciara a luchar por su vida fue, como él lo dice, su propósito.

En su libro *El hombre en busca de sentido*, que resume muy bien su filosofía sobre cómo las personas pudieron sobrevivir en esos campos sin perder la voluntad de vivir, dice: "Aquellos que tienen un porqué para vivir pueden soportar casi cualquier cosa".

En la vida, para llegar al lugar que queremos, debemos dejar de pensar en actuar y empezar a actuar. Cualquier actividad sin un propósito drena tu vida.

Confucio decía que si encuentras un trabajo que amas, nunca trabajarás un día más en tu vida. Estoy de acuerdo con esto, por más trillado que pueda parecer. La realidad es que el trabajo es una actividad sin propósito y es por lo que se sufre tanto, tal vez, hasta es por eso que te pagan por hacerlo.

Bien dicen que en la vida hay dos momentos cruciales: el día en que llegas a este mundo y el día en que descubres para qué. Por eso, cuando finalmente conocemos nuestra misión y entendemos el significado de nuestra vida, descubrimos una fuente inagotable de energía.

La esencia del método DMS es entender por qué haces las cosas y así definir qué de todo lo que haces es lo que realmente importa. *Do Meaningful Shit* es en realidad: haz cosas con significado, haz lo que importa.

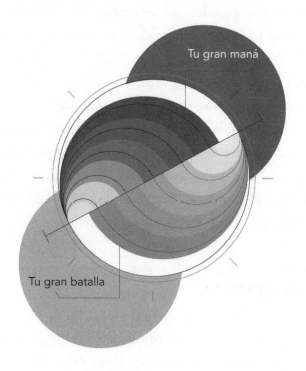

Escanea el código para descargar este material.

El porqué es algo que mucha gente identifica como propósito o como su meta en la vida, pero para mí, el origen de la motivación es mucho más complejo que eso.

Debemos reconocer que hay dos fuerzas que nos mueven en la vida, dos lados de una misma moneda que, al conocerse y trabajar en conjunto, alimentan tu misión y te dan fuerza para derribar paredes, doblar acero y saltar edificios. Son como el yin y el yang de la motivación, de tu significado en la vida. A estas les llamo "tu gran batalla" y "tu gran maná".

Todos tenemos estas dos fuerzas, las conozcamos conscientemente o no. Nuestras dos fuerzas trabajan juntas: una desde la luz y otra desde la oscuridad. Una de una manera un poco más visceral y la otra de una manera un poco más aspiracional; ambas nos empujan hacia delante para cumplir con nuestra misión, con aquello que nos da significado, una desde el dolor y otra desde el deseo de trascender.

TU GRAN BATALLA

> *Si entras en el lado oscuro de la vida*
> *y lo atraviesas, emerges con más fuerza y pasión.*
> NICOLE KIDMAN

Hace unos años, estaba pasando por uno de los momentos más complicados de mi vida; me sentía estancado, sin avances, haciendo una y otra vez las mismas cosas de siempre, y después de negarlo o ignorarlo por mucho tiempo, finalmente, me estaba dando cuenta de ello. Ya no era ciego, sino que estaba muy consciente. Fue durante aquellos duros meses que decidí retomar las sesiones con mi *coach* personal, Luisa, con quien he trabajado distintos temas por más de una década.

—¿Qué te trae por aquí, Oso? —me preguntó, apenas me acomodé en el asiento de su oficina.

—Quiero hacer escalar mi empresa, pero no tengo lana para hacer crecer el negocio. Por eso necesito buscar posibles soluciones para conseguir dinero externo.

Al menos eso era lo que yo pensaba que me había llevado a una nueva sesión con mi *coach*. ¡Cuánta inocencia, Oso!

Fue entonces cuando conocí este tema por primera vez.

—Vámonos a los siete niveles de profundidad —dijo Luisa, muy segura—. Este es un ejercicio en el que voy a preguntar y repreguntar siete veces, hasta que lleguemos al fondo. A la verdadera razón por la que hoy estás sentado aquí conmigo. ¿Cómo lo ves?

—Pues, perfecto.

Dije entre emocionado y escéptico, porque según yo, tenía muy claro el porqué estaba ahí y, además, tenía listas todas mis respuestas a sus posibles preguntas. O al menos eso pensé.

—De hecho, ya comenzamos y ya me respondiste la primera pregunta —me comentó, mientras sonreía.

Resulta que entre más profundo comiences a cuestionar tus respuestas, tu cerebro (tu razón) dejará de tener frases a la mano, para responder. Entonces, le tocará a tu corazón comenzar a alzar su voz. Y créeme, será todo un lujo poder escucharlo. En algún punto, verás cómo "te cae el veinte" y tendrás ante tus ojos esas respuestas a las que tenías toda una vida dándole vueltas y más vueltas en tu cabeza. Cuando llegues a las profundidades, verás que tu verdad será la única que podrá ayudarte a atravesar paredes de concreto, a masticar vidrio, a caminar sobre fuego y a romper cualquier barrera que hasta ahora conoces. Y es que en el instante en que entiendes por qué estás haciendo genuinamente las cosas que haces, todo cambia.

Entonces, Luisa continuó:

—¿Por qué quieres hacer crecer tu empresa?

—Primero, porque quiero tener más dinero para mí. Quiero poder pagarme un mejor sueldo —le respondí, sintiendo que era más que obvia mi respuesta.

—Y ¿por qué quieres tener más dinero para ti?

—Porque quiero tener estabilidad financiera —dije sin pensarlo.

Las respuestas salían con facilidad de mi boca. Y agregué un pensamiento que me vino a la mente en ese instante:

—Quiero estabilidad porque no quiero tener preocupaciones. Quiero vivir cómodamente.

—¿Por qué quieres tener estabilidad financiera? ¿Por qué quieres estar cómodo?

Ya en este nivel de profundidad, tenía que pensar un poco más en mis respuestas. Noté cómo dejaba de tener a mi alcance (en mi *top of mind*) las palabras necesarias para mantener una conversación fluida con Luisa.

—Quiero poder hacer lo que quiera, comprar lo que me dé la gana e irme de viaje cuando se me antoje.

Tal vez mis respuestas, por ahora, podrían parecer vacías y banales, pero verbalizar estos deseos me hizo viajar en el tiempo. Volví a sentirme como el Oso al que voceaban porque no pagaba la colegiatura. Todos los traumas de mi niñez entraron conmigo a la sesión con Luisa. Empezaron a hacerse presentes y el ejercicio seguía:

—¿Por qué quieres poder hacer todo lo que tú quieras?

Aquí fue donde ya no tenía una respuesta para esta pregunta. Entonces, me tocó cuestionarme, comencé a hurgar dentro de mí la respuesta que tuviera más sentido, pero en ese momento no era tan claro.

Le contesté que quería tener el control de mi vida, porque justo en ese momento regresé a esa sensación de pérdida de control que viví durante mi infancia y mi adolescencia. Esa sensación de vivir limitado, sin saber si el día de mañana habría para pagar la escuela o si llegarían a embargar mi casa.

Recordé a mi mamá sentada por horas en su consultorio de odontología, esperando que llegaran pacientes que nunca llegaban, a mi papá haciendo maromas para arreglar una casa que se caía a pedazos; recordé el hueco del techo, por el que se colaba la lluvia; volví a sentir lo que era vivir de préstamos de mis abuelos; sentí la enorme responsabilidad que sentí cuando mis papás se divorciaron y, con razón, o no, asumí un rol para el que no estaba preparado.

Me acordé cómo en secundaria, durante muchos recreos, a través de las bocinas anunciaban mi nombre a todo volumen.

Esta era una invitación a las oficinas de la dirección para recordarme algo que ya sabía de memoria:

—Sus padres están bastante retrasados con los pagos de la colegiatura.

Yo quería dejar de sentir esa ansiedad que me producía la idea de no tener dinero y, definitivamente, no quería tener que depender de una fuerza externa que dictara la forma en que mi familia y yo íbamos a pasar los siguientes años de nuestras vidas. No quería dejar nuestro futuro al azar. No quería depender de nadie. Necesitaba el control y había descubierto eso con este ejercicio que todavía no estaba ni cerca de terminar.

—¿Por qué quieres tener el control de tu vida, Oso?

Fue en ese momento en el que el pensamiento claro de mis hijos apareció en la sesión. Fue un momento muy conmovedor, porque los hijos llegan a nuestras vidas para hacernos enfrentar nuestros mayores miedos y carencias. Y ahí estaban ellos y su imagen para recordármelo. Le contesté a Luisa, ya notablemente conmovido, que quería tener el control de mi vida para que mis hijos pudieran vivir una vida sin preocupaciones.

—Quiero que ellos tengan la libertad de tomar sus decisiones sin depender de los fondos que hay, o no, en una cuenta bancaria para respaldar esas metas.

El hecho de haber podido conseguir esta respuesta me hacía sentir empoderado. Pero todavía el ejercicio no terminaba y fue entonces cuando una idea apareció para iluminarme:

—¡Ya sé! Quiero ser una inspiración para mis hijos.

Ahí estaba el primer atisbo de lo que realmente quería en la vida.

—Pues, perfecto, pero todavía me queda una pregunta más por hacerte, ¿listo?

—Listísimo.

—¿Por qué quieres ser una inspiración para tus hijos?

Y... ¡bingo! Fue justo con esa pregunta que conseguí mi porqué real, la razón detrás de todas mis acciones e inacciones en la mayoría de los momentos de mi vida.

—Quiero ser una inspiración para mis hijos, porque quiero que estén orgullosos de mí y que nunca lleguen a sentir vergüenza por mi culpa.

Fue duro decirlo, exponerlo, verbalizarlo y sacarlo al exterior. Y es que esta frase puede ser incómoda para alguien que la escuche, algún otro papá, por ejemplo, el mío incluso. Pero no pensaba a quién podría herir o incomodar, más bien me sentí liberado y es que quedarte con ciertas emociones en tu interior es lo que te detiene, te nubla la vista y los pensamientos. Es más sano reconocer que debes deshacerte de esas cargas tan pesadas para poder moverte hacia delante en tu vida.

Cuando mis papás se divorciaron en mi adolescencia, la figura que se mantuvo fuerte durante mi crianza fue la de mi mamá y la relación con mi papá fue haciéndose cada vez más lejana.

No está en mis planes divorciarme, pero independientemente de eso, para mí es determinante ser alguien presente, inspirador y motivador, con la finalidad de que mis hijos se sientan orgullosos de mí.

Quiero ser capaz de que mis hijos y yo podamos tomar libres la elección de las escuelas y universidades a las que asistirán, sin sentirnos culpables, sin tener que hipotecar la casa, sin depender de otros, sin que la incertidumbre se presente como un factor determinante en la ecuación y sin que se nos caiga el techo de la sala. Quiero poder llevarlos de viaje cada año, que conozcan el mundo, que aprendan de otras culturas y que recolectemos recuerdos invaluables. Quiero empujarlos a desarrollar sus talentos, ayudarles a financiar sus sueños y acompañarlos a cometer sus propios errores. Yo quiero ser su papá sin que nada ni nadie me limite de hacerlo.

La gran batalla es ese lado de la fuerza que opera desde el dolor y desde la oscuridad. Quizá esa gran batalla es una experiencia que viviste en tu infancia, igual que yo y que te marcó. Mucho de lo que haces hoy se alimenta, consciente o inconscientemente, del dolor que quieres evitar, de lo que sentiste en ese determinado momento en tu pasado.

El dolor, en realidad, funciona como un gran motivador, porque te mueve a la acción.

Encontrar mi gran batalla me ha servido todos los días de mi vida, me hace entender de dónde vengo, por qué pienso lo que pienso, por qué creo lo que creo y entender que ese dolor que me marcó se ha convertido en una gran fuente de motivación en mi vida.

Este ejercicio me ayudó a definir mi punto de partida. Hoy sé que quiero ser una mejor persona; así, lograré tener mayor impacto en otros y conseguiré, además, mi seguridad financiera.

Todo es una secuencia y al rastrearla, como quien pela las capas de una cebolla, puedes llegar al origen: quiero ser una inspiración para mis hijos y evitarles el dolor que yo sufrí. Esta era la idea base que se escondía detrás de la necesidad común de "libertad financiera" que, posiblemente, todos compartimos. Pero ¿qué hay detrás de tu búsqueda de libertad financiera? Encontrar la verdadera respuesta a esta pregunta es lo que te ayudará a darle sentido a tu vida y eliminar los obstáculos que posiblemente te impiden alcanzarla.

Sé el poder que tiene esta herramienta, porque solo de recordar mi sesión con Luisa me emociono como si hubiésemos hablado apenas ayer. Es algo que puedes hacer solo, luego con tu familia, con tu pareja, con un amigo, con tu socio o con quien creas que puede necesitarlo. Practícala una y varias veces; solo asegúrate de que seas honesto contigo mismo y permítete ser vulnerable, porque solo así conseguirás respuestas que te harán crecer. Solo así incorporarás a tu vida nuevas formas de pensar y ver tu entorno, nuevas pasiones, nuevos hábitos y prácticas que te impulsarán a lograr tus metas.

La diferencia entre un porqué superficial y uno más profundo es que, cuando tengas un mal día, tu porqué profundo será la gasolina capaz de sacarte adelante y vencer los más grandes obstáculos.

Los siete niveles de profundidad fue un ejercicio muy enriquecedor y quizá, como yo, te preguntes: ¿por qué siete?

La verdad es que no tengo idea. Eso habría que discutirlo con la persona que inventó esta metodología; pero sí puedo decirte, por mi experiencia, que tus primeras tres respuestas saldrán con facilidad e inmediatez, la cuarta y la quinta comenzarán a incomodarte y empezarás a notar ciertas cosas que antes pasabas por alto. Y los dos últimos cuestionamientos, el sexto y el séptimo, te servirán para pulir tus ideas y llegarás al fondo del asunto. Encontrarás la verdadera razón, la respuesta que habías buscado por mucho tiempo.

Ahora, si yo te preguntara: ¿por qué estás leyendo este libro? ¿Por qué me sigues en tus redes? ¿Por qué quieres mejorar tus relaciones? ¿Por qué quieres tener más dinero? ¿Por qué quieres tener libertad financiera y de tiempo? ¿Por qué quieres dejar de ser esclavo de tu calendario y de las circunstancias? Pues… ¿qué me responderías? O más bien, ¿qué te responderías?

Así como me pasó a mí por mucho tiempo, puedo asegurarte que muchas personas solo piensan en ganar en su carrera profesional. Lo importante es ganar dinero, ganar reconocimiento, sin pensar a fondo por qué hacen lo que hacen. Buscan ir a prisa, saben qué resultado quieren y entienden cuál es el movimiento inteligente que tienen que realizar para llegar a ello. En muchas ocasiones, se saltan el propósito, lo pasan por alto pensando que no es tan importante, no es tan relevante.

Pertenecen a la mentalidad *get shit done* por la cual corren y corren sin saber por qué están haciendo las cosas. En ese caso, a esas personas no solo se les complica llegar al resultado que esperan, porque la motivación inicial o incluso la motivación externa se termina, sino que cualquier distracción en el camino es válida para olvidarse hacia dónde van.

Se vuelve entonces un ciclo vicioso donde no llegan a algo, les genera estrés, sienten que no avanzan. Y entonces, desde su vacío, van y buscan un nuevo objetivo que perseguir.

Encuentra tu propósito; no corras por correr. La vida no se trata de eso; se trata de encontrar esa dirección que te ayudará a vivir tu gran propósito de vida; para que puedas descubrirlo, encuentra tu gran dolor, tu gran batalla. Adéntrate a siete niveles de profundidad y encontrarás tu respuesta. Una vez que la entiendas, te habrás puesto en movimiento. Lo que sigue es que tu impacto se sienta.

Escanea el código para descargar una copia imprimible del ejercicio de siete niveles de profundidad.

TU GRAN MANÁ: SE TRATA DE TRASCENDER

Legado. ¿Qué es un legado?
Es plantar semillas en un jardín que nunca llegarás a ver.
HAMILTON (El musical)

En el libro del Éxodo, en el Antiguo Testamento de la Biblia, se cuenta cómo Moisés sacó a los israelitas de Egipto en busca de la tierra prometida.

Según los textos, a los cuarenta días, el grupo llegó al desierto de Sin. Ahí, toda la comunidad de israelitas se quejó con Moisés y con Aarón:

—Ojalá hubiéramos muerto por la mano del Señor en Egipto. Ahí nos sentábamos alrededor de las ollas de carne y comíamos toda la comida que quisiéramos, pero nos han traído a este desierto para matarnos de hambre.

Entonces, Moisés fue y habló con Dios. Él le respondió que haría llover pan del cielo para ellos. Le dijo:

—La gente debe salir todos los días y reunir lo suficiente para ese día; de esa forma, voy a probar y veré si siguen mis instrucciones.

Al regresar Moisés y Aarón, hablaron con los israelitas. Les dijeron:

—Por la tarde, sabrán que fue Dios quien los ha sacado de Egipto y comerán carne y en la mañana, comerán pan.

Entonces, esa tarde el campamento de los israelitas se cubrió de codornices y pudieron comer carne y por la mañana hubo una capa de rocío alrededor del campamento.

154

Cuando desapareció el rocío, en el suelo del desierto, aparecieron copos delgados como escarcha.

El maná es el pan que Dios les había mandado para comer. Y Moisés les dijo a los israelitas:

—Cada uno recoja cuanto necesite —y eso es lo que hicieron.

Algunos recogieron mucho y otros poco. Pero cuando lo midieron, el que había recogido mucho no había recogido demasiado y el que había recogido poco no tenía demasiado poco. Todos habían reunido exactamente lo que necesitaban. Así es como llamó el pueblo israelita a este pan: maná, que era blanco como la semilla del cilantro y sabía a hojaldres hechos de miel.

Fue el maná lo que alimentó a los israelitas en su camino por el desierto. El maná te alimentará durante tu paso por los momentos más difíciles de la vida y te impulsará a lograr el impacto y la trascendencia que buscas.

¿Qué es tu "gran maná"?

M (misión). Es una misión, un objetivo, algo que quieres lograr.

A (audaz). Es audaz, es atrevido, demuestra tu valentía y la intención de crear algo mejor, de cambiar el *statu quo* en cualquier área de tu vida pero, sobre todo, tiene un impacto muy grande en el mundo que te rodea.

N (noble). Es noble. Los humanos estamos motivados por la trascendencia y la manera más noble de lograrlo es la contribución. Tu gran maná tiene un aspecto de servicio muy fuerte y reafirma tu compromiso por ayudar a una comunidad que te importa.

Á (aspiracional). Es aspiracional. Además de motivarte, atrae e inspira a otros a sumarse a tu lucha y contribuir a tu proyecto. La gente se suma a misiones que entiende y que comparte; eso es el gran maná.

Tu gran maná es el otro lado de la moneda, la segunda fuerza, tu estrella del norte. Algunos lo llaman "propósito", otros lo llaman "el porqué", pero la realidad es que tiene que ver con servir, con crear y con vivir. Se trata de una constante experiencia de conexión y de verdad; es el yang del yin que es tu gran batalla. Tu gran maná es tu gran propósito, es tu gran porqué. Eso que te lleva de haber arrancado a alcanzar alturas inexplicables. Es lo que te mueve más allá, que trasciende tu persona, tu dolor, tu ambición y que se mueve hacia un nivel mucho mayor de inspiración, de impacto, de ayuda, de contribución.

Mi segunda empresa, InstaFit, surgió de una necesidad que yo tenía y eso me dio un sentido de propósito, aunque no sería el propósito más grande que me he planteado en mi vida. La idea de mis socios en InstaFit era hacer algo que había pegado muy bien en Brasil; eran programas de *fitness* por internet, presentados por celebridades.

Cuando me casé en 2012, subí diez kilos. Cuando quise recuperar mi peso, empecé a hacer *crossfit* y fui involucrándome en el mundo del bienestar y el *fitness*. Entonces, pensé que InstaFit era una buena idea de negocio, porque me serviría como usuario y, lo mejor de todo, sería un negocio digital. Ya no quería nada físico ni nada de inventarios, como los tenía en mi primera empresa Lo mío es tuyo.

Trabajar en InstaFit, ciertamente, me dio un propósito. Los últimos ocho años, junto con mi equipo, había trabajado en la gran misión de mejorar la salud y la calidad de vida de miles de personas, pero estaba por encontrarme con algo mucho más grande.

Cracks nació primero como el podcast y, poco a poco, se ha convertido en una plataforma educativa de transformación de alto rendimiento, principalmente para emprendedores y muchos CEO.

Hoy *Cracks* no solo es un negocio muy exitoso, sino que me ha dado ese gran propósito que tanto busqué, me ha llevado a encontrar mi gran maná.

¿Cómo construyes tu gran maná?

El gran maná es una oración muy simple, fácil de memorizar. Es una frase que debes expresar de manera clara pues, de lo contrario, será difícil que alguien más pueda conectarse con ella. Más allá de eso, si no puedes enunciarlo de forma simple, es señal de que tal vez no lo entiendes y lo que no entendemos nos resulta difícil de creer. Por último, tiene que ser accionable. Tu gran maná debe estar construido con lenguaje afirmativo y enfocado en el efecto que tendrás en las demás personas, en el impacto que tendrás en tu comunidad.

Tu gran maná no necesita ser único ni original. Puedes construir el tuyo o incluso tomarlo de alguien más. Hay grandes manás, hay grandes objetivos, hay grandes misiones y propósitos con los que puedes compartir el cien por ciento de tus valores y eso está bien.

Un gran maná puede que cambie a lo largo de tu vida, pero es algo que conecta profundamente con quien eres; puede hacerse a nivel personal, a nivel laboral o a nivel empresarial.

Autores de negocios como Salim Ismail, en su libro *Las organizaciones exponenciales,* se refieren al concepto de gran maná como un propósito transformador inmenso o *Massive Transformative Purpose.*

SpaceX dice que quiere volver a la raza humana en una especie interplanetaria. Es algo muy sencillo de explicar, audaz, noble, aspiracional y puede hacer que la gente se sume detrás de ese proyecto.

Starbucks no hace café. Starbucks tiene el gran maná de inspirar y alimentar el espíritu humano.

Mi gran maná es: "Inspirar a una nueva generación a vivir vidas más grandes". Es lo que quiero lograr.

Otra versión de esta misma oración puede ser: "Quiero inspirar a un millón de hispanos para que puedan vivir vidas más grandes y más felices".

Así que ese es mi gran maná; ese es el otro lado de la moneda, ese es el lado brillante de la fuerza. Si logro hacer eso mediante mi contenido, mis empresas y mis libros, entonces, estaré cada vez más cerca de mi gran maná.

Quiero ayudarte mediante una serie de preguntas a identificar cómo podría leerse tu gran maná. Se trata de un ejercicio muy simple que puede darte mucha claridad sobre qué es lo que en realidad quieres lograr y por qué.

Piensa en la última semana o tal vez en el último mes. ¿Qué fue lo más significativo que hiciste? Tal vez fue dar una conferencia, una asesoría, crear un nuevo proyecto de trabajo. Quizá fue atender las necesidades de un cliente o tal vez fue estar con tu familia y educar a tus hijos. En mi caso, cuando hice este ejercicio, yo había dado una gran conferencia al equipo directivo de una empresa de tecnología.

Ahora, piensa en esta experiencia que elegiste y pregúntate: ¿por qué fue tan significativa? ¿Qué la hizo tan relevante para ti? ¿Qué le dio tanto significado a esta situación?

En mi caso, al dar esta conferencia, me di cuenta de que pude sembrar una semilla de imaginación sobre nuestra capacidad de crear futuros diferentes en la gente que me había escuchado y, a su vez, sabía que todas las personas que asistían podían volverse catalizadores del cambio y la innovación en sus entornos.

Ahora, ¿puedes ver por qué fue tan importante este evento para ti? En este punto, quiero que vayas profundo, que, así como lo hiciste con tu gran batalla, entiendas e identifiques por qué te importa y por qué le otorgas tanto significado a una situación como la que acabas de definir. Lee entre líneas y pregúntate qué te dice de ti mismo.

En mi caso, quiero ayudarle a la gente a evitar el dolor de la inacción, de vivir una vida que no les da lo que quieren.

Es poca la gente que al ver una oportunidad para mejorar su vida no salta sobre ella. El gran problema es que de los más de siete mil millones de personas que hay en la Tierra, muy pocas tendrán oportunidades como las que tienes tú, que estás leyendo esto, que tienes hoy presente. Al dar la conferencia, me di cuenta de que puedo ser un agente de cambio al hacerles notar a la personas oportunidades únicas de las que tal vez aún no se han percatado.

Hasta ahora, puede que hayas descubierto algo muy importante sobre ti. Te has dado cuenta del potencial de trascendencia que tienes y has entendido cómo puede verse tu legado. Como parte de la construcción de tu gran maná, si quieres hacerlo contagioso, debes hacerlo conectar. Pregúntate: ¿para quién en especial quiero crear impacto positivo y duradero? ¿Cuál es esta audiencia? ¿Cuál es esta comunidad con la que tengo una afinidad especial y a la que quiero ayudar en primera instancia? ¿Cuál es este grupo de gente, esta cultura o esta nacionalidad? ¿Cuál es este nicho donde quiero tener impacto? No te preocupes si en un principio no tienes como objetivo cambiar el mundo; todo gran cambio empezó con un pequeño grupo de personas.

El gran maná tiene que ver con impacto, con trascendencia y con servicio. Decidí que la comunidad a la que quiero ayudar, la que más podría beneficiarse de lo que tengo que ofrecer, es la comunidad hispana alrededor del mundo. El idioma español es el segundo más hablado en el mundo, solo detrás del mandarín. Aun así, la mayoría de la información educativa y de innovación, así como de los grandes comunicadores, se centran en el idioma inglés. Creo que con mi experiencia internacional y conocimiento íntimo de las culturas latinas puedo tener un gran impacto en el mundo hispanohablante y de ahí, en el mundo.

Por último, pregúntate: ¿por qué te resulta importante tener impacto en esta comunidad en especial? Lo que yo encontré al hacerme esta pregunta es que he sido víctima de la mentalidad limitada y de pretextos que permean en esta comunidad y sé el daño que pueden causar. Conozco el mundo maravilloso que existe y en el que todos podemos vivir, una vez que somos libres de ese tipo de mentalidad.

Esta corta secuencia de preguntas simples son la llave de nuestra motivación, pues abren la puerta a una vida con significado. Todos tenemos momentos en los que nos desempeñamos a nuestro máximo nivel, tenemos un gran impacto y, lo más importante, disfrutamos la actividad en la que estamos involucrados; lamentablemente, pocas veces nos detenemos a entender por qué es así. Una vez que lo entendemos, podemos diseñar nuestra vida alrededor de este tipo de actividades y vivir en un constante estado de *flow*.

El gran maná es una manera muy poderosa de recordarnos y comunicar todo lo que nos mueve en una sola oración.

Aterriza todo lo que descubriste en un solo enunciado que exprese con claridad el impacto que quieres lograr con la siguiente estructura: "Quiero hacer X para que pase Y".

Es el formato que seguí al crear el mío: "Quiero inspirar a una nueva generación (de hispanos) a vivir vidas más grandes".

Así de sencillo y poderoso. Habla de lo que me gusta hacer, habla de qué quiero lograr y para quién quiero tener impacto, pero lo más importante, conecta con una historia profunda que me llena de motivación y energía.

Tu gran maná es el enunciado que te llevará a romper tus límites. Es lo que te lleva a soñar en grande, a intentar cosas que probablemente no hubieras pensado, inspirado en el legado que quieres dejar. Ese es el lado claro de tus dos fuerzas.

Ya cuentas con ambas partes, el yin y el yang, el lado oscuro y el lado claro, los dos lados de la moneda, y puedes ponerlos a trabajar en conjunto. Cuando lo hagas, tendrás a tu disposición una fuente inagotable de energía con la que podrás lograr lo que quieras.

Capítulo 6

Crea tu código personal

Lo más difícil no es saber quiénes estamos destinados a ser,
sino estar conectados con quienes somos.

Kris Ro

"¡Somos marcas! Piénsalo. Somos aquello que queda en el lugar una vez que te fuiste. Eres esa huella que dejas. Y para que esa huella sea más natural y consistente tienes que transmitirla basado en tus valores".

Esa fue una de las muchas lecciones que aprendí de mi conversación con uno de mis grandes mentores y primer inversionista en InstaFit, Heberto Taracena, en la entrevista que le hice para el episodio del primer aniversario de *Cracks Podcast*.

Y tú, ¿sabes cómo es tu marca? ¿Qué tipo de huella estás dejando? Y, sobre todo, ¿sabes realmente quién eres?

Esta última fue para mí una de las preguntas más difíciles de responder durante mucho tiempo y quizá hay muchas personas que jamás encuentran la respuesta. Yo la encontré, gracias a un gran trabajo de autocuestionamiento, de introspección, de lectura y de ejercicios que me ayudaron a identificar los valores que rigen no solo a la persona que hoy soy, sino en la que quiero convertirme. Hoy entiendo cuál es mi propósito y mi misión; entiendo qué es lo que me importa y es eso lo que convierto en mi prioridad cuando se trata de actuar. Hoy sé que mis valores en esta etapa de mi vida son mi familia, la libertad y la salud, y vivo esos valores todos los días.

Llegar a este punto de claridad en mi vida no fue fácil y se vuelve aún más retador tenerlo presente a cada minuto, cada que tomo una decisión o se me presentan situaciones complicadas. Para ayudarme con esto utilizo una herramienta de gran utilidad: el código personal.

Tu código personal es una manera de recordarte diariamente todo lo que descubriste de ti, usando el método DMS; quién eres realmente, a qué te comprometes en la vida, cuáles son tus prioridades, cómo tomas decisiones y a dónde quieres llegar. Si verdaderamente quieres vivir una vida de *cracks*, en tus términos y sin culpas, entonces debes desarrollar tu código personal.

Hace un tiempo, diseñé para mí y para la comunidad de *Cracks* lo que denominé *El Cracks Manifiesto*, una especie de código de identidad comunitaria que ha servido como guía de mis decisiones y fue, sin ser muy consciente de ello, la antesala para desarrollar mi código personal. Tener un código me ha permitido saber lo que sí y lo que no quiero en mi vida; debido a ello, hoy me es muy fácil saber qué no hacer, qué sí hacer y cómo hacerlo. Definir un código personal es una de esas decisiones que eliminan un millón de decisiones.

En la plática con Heberto, también me contó que había visto la final de la Supercopa de la Liga Española de futbol entre el Real Madrid y el Atlético de Madrid. Durante el partido, a diez minutos de terminar, hubo una falta artera de Valverde, el defensa del Real Madrid, en contra de Morata, el delantero del Atlético, quien estaba solo frente a la portería con una enorme posibilidad de anotar el que pudo ser el gol de la victoria. Valverde fue expulsado como consecuencia de su falta; sin embargo, consiguió su objetivo de impedir que el Atlético ganara el juego, lo que provocó que el partido se definiera en la ronda de penales, donde el Real Madrid resultaría campeón.

En una entrevista, al terminar el encuentro, el director técnico del Real Madrid, Zinedine Zidane, comentó que "fue una falta grosera pero necesaria; era lo que tenía que hacerse".

¿Qué hubieras hecho tú?

En la vida, te encontrarás frente a muchas situaciones cuestionables en las que podrás sacar ventaja de una situación, haciendo algo que podría caer de un lado o de otro de la línea de lo "correcto". Si quieres estar seguro de que harás lo que consideras correcto y que podrás vivir tranquilo con las consecuencias de tus acciones, entonces, necesitas tener muy clara la definición de "correcto". Técnicamente, la falta de Valverde fue castigada conforme las reglas escritas del juego, pero pudieron prevalecer los valores de deportivismo y *fair play*, produciendo un resultado distinto. El peso de las consecuencias lo cargarán el jugador y la organización, y depende de ellos cómo eligen vivir con ello.

Cuando tenemos un código personal, este nos sirve de guía para situaciones como la que acabo de contarte. En ese momento crucial, la decisión pierde su ambigüedad y, como lo dijo Zidane, la respuesta ya está dada: "Es lo que tiene que hacerse".

Tengo un video viral en Instagram, en el que hablo sobre cómo tomar decisiones de vida cuando no tienes suficiente información o tienes información imperfecta o dicha información cambia a toda velocidad. Y no me refiero solo a decisiones simples de pequeñas cosas que hacemos todos los días, sino a decisiones más trascendentales con las que tenemos que comprometernos, aquellas que no podemos tomar a medias porque, de ser así, tendremos resultados mediocres. Mi respuesta es que la mejor manera de tomar decisiones en estas condiciones es alineada con tus valores más fundamentales.

¿Cómo encuentras tus valores si es que aún no los tienes claros? Heberto me explicó que encuentras tus valores desde las entrañas, cuando algo te duele. "A mí me duele la falta de compromiso. Cuando siento que no voy a cumplirle a alguien en su totalidad, no puedo dormir", me dijo.

El problema es que a veces cuesta mucho trabajo encontrar tus valores, porque los patrones sociales nos llevan a pensar que tenemos que seguir el modelo impuesto por nuestra familia o por la sociedad en la que nos movemos. En el caso de Heberto, siendo de Tabasco, un estado influenciado por la política, sus patrones sociales lo llevaron a pensar que la política era la única forma de expresión de lo que él quería hacer. Las familias de médicos quieren que sus hijos sean médicos; las familias de abogados quieren que sus hijos sean abogados. Y así, el colectivo nos repite lo que debemos ser hasta que esa idea se graba en nuestra mente y se convierte en nuestros patrones, se vuelve parte de nuestra manera de ver el mundo, sin cuestionamiento.

Si queremos vivir una vida de *cracks,* debemos romper ese vínculo entre las expectativas que el mundo crea en nosotros y lo que esperamos de nosotros.

Escanea el código para escuchar el episodio de *Cracks* con Heberto Taracena.

Michelle Obama dice: "He aprendido que mientras mantengo mis creencias y valores y sigo mi propia brújula moral, las únicas expectativas que debo cumplir son las mías". Esto me hace mucho sentido porque nuestros valores determinan aquello que debemos experimentar o evitar a toda costa. Determinan, además, aquello en lo que nos enfocamos. Por ejemplo, si uno de tus valores es la salud, vas a estar pendiente todo el tiempo de hacer cosas alineadas con ese valor; en esas acciones, estará tu atención y tu energía y te será fácil tomar decisiones saludables. Tus valores son tus estándares; no pueden falsearse, son quien realmente eres y son parte fundamental de tu código personal.

Nuestros valores cambian con el tiempo, así como cambia su nivel de jerarquía. No son lo mismo tus valores a los veinte años, cuando eres soltero, que a los cuarenta y con dos hijos. Debemos estar en constante actualización. Vishen Lakhiani, fundador de la empresa de desarrollo personal MindValley, dice que debemos estar actualizando permanentemente nuestras creencias, nuestros hábitos y nuestros valores, que son parte de nuestro sistema operativo. Si con el celular lo hacemos cada seis meses, por qué no hacerlo con nosotros. Simplemente, confirmamos lo que hacemos y creemos por inercia; nunca refrescamos o actualizamos, nunca cambiamos las reglas, nunca nos cambiamos los lentes con los que conocemos el mundo y esto es un grave error cuando se trata de crear tu código personal. Debemos estar en constante actualización, hacer mejores preguntas, leer más, escuchar más, convivir con gente nueva y estar en constante aprendizaje.

Y bien, tal vez te estás preguntando: "¿Cómo puedo desarrollar mi código personal?".

Primero, debes entender qué es y para qué te sirve. Tu código personal es la documentación de todo aquello en lo que crees; es tener por escrito las filosofías e ideas que son tu naturaleza hoy y de esa persona en la que quieres convertirte. Tener un código personal escrito te permite comprometerte con tus decisiones al actuar siempre en alineación con tus valores.

Una vez creado, puedes consultarlo cada mañana para recordar y asumir la identidad que quieres desarrollar y así arrancar tu día con intención. También para asegurarte de que se mantiene vigente con el tiempo, para que identifiques creencias e ideas que quizá ya no te funcionan y tener tu código personal siempre actualizado, comprometiéndote a cumplirlo, pero también cuestionándote periódicamente.

Desarrollar tu código personal es algo sencillo, aunque requiere tiempo y mucha introspección de tu parte.

El primer paso para construirlo es observar tu vida de cerca. ¿Quién crees que eres? Pregúntate cómo respondería un amigo si le pidieras que te describiera. ¿Alguien diría quizá, que eres amable y compasivo? Probablemente, ¿otros dirían que eres engreído y egocéntrico?

Escribe todos los rasgos que tus familiares, amigos y gente cercana pudieran decir de ti. Escribe todo, sin filtro.

Una vez que lo hayas hecho, el segundo paso es identificar tus creencias. Estas creencias dan forma a tu vida, influyen en tu toma de decisiones. Creencias éticas, religiosas, sociales. Haz una lista de todos los modelos mentales que utilizas para hacer sentido del mundo y operar de una manera funcional.

Por ahora, no te preocupes en cuestionarte por qué tienes esas creencias; eso lo haremos más adelante. Lo importante en este momento es documentar todas las creencias que te vengan a la mente.

El siguiente paso es observar cómo te relacionas con las personas. Piensa en cómo tratas a tus familiares, a tus amigos, a tus compañeros de trabajo o, incluso, cómo tratas a los extraños. Piensa si hay algo que tenga un impacto negativo en la forma como te relacionas con los demás. Si logras identificarlo, entonces, enumera qué cambios te gustaría hacer en tus comportamientos hacia los que te rodean. Tu lista debería incluir cosas tan obvias como dejar de discutir con la familia por cosas de poca importancia o por chismes, por ejemplo.

¿Cuántas veces nos enganchamos en discusiones inútiles y terminamos por fracturar relaciones importantes por cosas que sinceramente no lo son?

Lo que sigue, ahora sí, es preguntarte: ¿por qué crees en lo que crees? Es un paso esencial, ya que te ayudará a entender qué tan importante es para ti cada una de tus creencias.

He hablado de esto muchas veces; de cuál es el origen de nuestras creencias, por qué creemos lo que creemos, por qué actuamos basados en ideas o creencias que tal vez ni siquiera sabemos de dónde salieron. Es importante, como parte del desarrollo de tu código personal, entender de dónde viene todo lo que crees. Cuestiona si esas creencias son ciertas y si vienen de fuentes confiables o solo te detienen o limitan tus acciones y decisiones. ¿Son creencias que se derivan de la religión o de normas sociales? Pero, sobre todo, pregúntate si son creencias que te acercan o que te alejan de la felicidad.

Con toda esta información, estás listo para crear tu código personal. Para ello, tienes que decidir qué es lo suficientemente importante para incluirlo en él y qué no lo es.

Un código personal tiene dos partes.

La primera sección es el propósito. En esta parte, puedes incluir tus dos fuerzas, tu gran batalla y tu gran maná. Esto te ayudará a entender de dónde vienes y hacia dónde vas. Con esto en mente, entiende tu propósito en la vida. El propósito es aquello que debe motivarte a hacer lo que importa; es lo que te llevará a dejar esa huella una vez que te has ido.

Si te cuesta trabajo imaginar cuál es tu propósito, piensa que un propósito puede ser muy simple pero, eso sí, una de sus características fundamentales es que debe ayudarte a convertirte en una mejor persona, porque tu propósito está al servicio de los demás, de tu comunidad, de tu sociedad, de tu país. Mi propósito, por ejemplo, como ya lo comenté en capítulos anteriores, es "inspirar a millones de personas a vivir vidas más grandes". Piensa cuál es el tuyo, básate en tus batallas, en tus valores y en lo que es importante para ti en la vida.

A la segunda parte del código personal la llamo "yo haré". Consiste en que repases todo lo que has escrito y anotes tus aspiraciones. ¿Qué quieres lograr en la vida? Escribe, en varios enunciados, la expresión: "Yo haré…"; después, llena la frase con todo aquello que quieres comprometerte a lograr. Hazlo basado en los rasgos, las habilidades y los intereses que posees ahora, pero también considerando aquellas habilidades y rasgos que quieres poseer. Incluye las reglas que te gustaría seguir en la construcción de tu vida. Agrega esas reglas que quieres seguir en el camino a convertirte en una mejor persona. Reglas de lo que se vale y de lo que no se vale para ti mismo en tu camino.

Al hacer esto, tendrás un primer borrador de tu código personal. Ahora, ya puedes empezar a refinarlo, mejorarlo, editarlo, para que se adapte a los cambios en tu vida y a los cambios mientras avanzas hacia la persona en la que te quieres convertir.

Lo más importante de haber creado un código personal es seguirlo, honrarlo, implementarlo y llevarlo a cabo todos los días. ¿Por qué tomarse la molestia de documentar todo este ejercicio de autoconocimiento e introspección si no vas a ponerlo en práctica?

Escribe tu código personal y una vez que te sientas cómodo con lo que has escrito, imprímelo. Pégalo en el espejo del baño o en tu vestidor. O imprímelo en un formato más pequeño para que siempre lo cargues en tu billetera. La idea es que te sirva como un recordatorio de que hoy puedes ser esa persona en la que quieres convertirte, esa persona que visualizas.

Esa identidad a la que quieres llegar puede empezar a existir hoy, en el presente, si tan solo actúas como tal. Deja que el mundo se entere de quién eres. ¡Lucha intensamente por esa vida! Ya tienes las herramientas y es hora de ponerlas a trabajar.

Hacer menos, tener más y vivir mejor. Haz lo que importa

Han pasado ya algunos años desde la tarde en que mi esposa me hizo la fatídica pregunta: "Oso, ¿por qué odias tu vida?", que en su momento no sabía cómo responder, pero que parecía acompañarme y atormentarme durante todo el día, todos los días. Hoy, ese pensamiento de desesperanza y negatividad se ha transformado en un pensamiento completamente opuesto, que me ha ayudado a crear un mantra muy poderoso que rige mi vida actualmente: "Oso, haz lo que importa".

Los últimos años he implementado un cambio importante en mi forma de pensar. Me he enfocado en conocerme mejor y eso ha propiciado que tome decisiones de trascendencia en las siete áreas de mi vida. He aprendido que la mayoría de las limitaciones que existen en nuestra vida son autoimpuestas y, por tanto, no deberían quedarse instaladas en nosotros por siempre. Más bien, están ahí para ser destruidas a medida que crecemos y aprendemos. Este tiempo también encendió "mis jugos creativos" para empezar *Cracks Podcast*, uno de los proyectos más satisfactorios de mi vida, el cual me ha permitido encontrar mi propósito y, sobre todo, entender qué es lo que realmente importa para mí en la vida y entregarme totalmente a eso.

Durante mucho tiempo busqué el éxito económico en aras del éxito económico, sin un entendimiento del por qué o para qué. Creía que era lo que debía hacer y punto. Que tener ese éxito era la única forma de validar mi valor ante mi familia, amigos y conocidos. Esa era la forma de demostrar que yo ya no era el niño de los tenis piratas en la escuela y que me había convertido en el hombre de éxito que todo mundo esperaba.

Me fue difícil entender qué era importante en la vida; ni siquiera lo veía. Buscar el éxito de forma desesperada y odiar el éxito de los demás me cegaba a encontrar mi verdadero camino. Tenía esa sensación escalofriante de que quizá esa oportunidad que hoy estaba frente a mí era una oportunidad irrepetible y desperdiciaba mi tiempo y energía porque no podía darme el lujo de dejar pasar ningún ápice de oportunidad que pudiera llevarme a donde yo pensaba que quería estar.

Viví muchos años siendo la representación física del FOMO en su más pura esencia. Yo no quería que me lo contaran; intentaba abarcarlo todo, sin dejar nada fuera. Mi mente vivía absorbida por la desgastante premisa: "¿Será que eso era una gran oportunidad que dejé pasar?". Me preocupaba por lo que podría estar perdiéndome.

Sin embargo, fue gracias a esa creciente necesidad de cuestionar mi vida que tomé esa primera gran decisión que me llevaría por una ruta completamente nueva y jamás antes explorada por mí: el camino del crecimiento personal y del descubrimiento de mi porqué. Este camino me permitió encontrarme conmigo, conocerme y no solo aceptar el éxito ajeno, sino celebrarlo, para así establecer objetivos sanos para mí. Por primera vez en mucho tiempo, experimenté claridad en mi vida.

Entendí qué era bueno para mí y qué cosas me hacían perder tiempo y enfoque. Lo que quería y lo que no, por fin dejaron de ser un factor sorpresa que me tenía a la espera de ese "gran *break*" en mi vida. Pude recuperar el control de mi camino y reconectar con mi felicidad.

A veces en la vida menos es más y a veces más es menos. Como en esta famosa historia de un músico con la que conecto mucho y, sobre todo, conecta con el método DMS.

En un pequeño pueblo de una isla turística vivía un talentoso músico local. El músico tocaba en el pequeño bar de la esquina por un salario mínimo. Un turista que visitaba la isla quedó maravillado con el talento y con las canciones tan originales del músico, así que decidió acercarse a felicitarlo y le preguntó:

—¿Cuántos *shows* haces a la semana?

—No muchos; generalmente tres por semana —respondió el músico.

—¿Por qué no haces más? —preguntó el turista muy intrigado, ya que consideraba que el músico no estaba sacando el mayor provecho de su talento.

El músico le explicó que la pequeña cantidad que ganaba de trabajar esos días por semana le era suficiente para cubrir sus necesidades y las de su familia.

—Pero ¿qué haces con el resto de tu tiempo? —preguntó el turista.

—Duermo hasta la hora que quiero, trabajo un poco y juego con mis hijos. Voy al pueblo a ver a mis amigos, paso mucho tiempo en la naturaleza, medito y disfruto de la vida.

El turista interrumpió:

—¡Tengo un MBA de Harvard y puedo ayudarte! Deberías empezar haciendo más *shows* cada semana. Entonces, ganarás más dinero; con los ingresos adicionales, puedes comprar un equipo de calidad para vender tu música en línea.

—¿Y después de eso? —preguntó el músico.

El turista seguía explicando, emocionado.

—Con el dinero extra que te traerán los ingresos de tus ventas en línea, puedes contratar a un gerente, un promotor y un asistente personal. En lugar de tocar en programas locales, puedes vender tu música al mundo entero y hacerte famoso. Luego puedes dejar esta pequeña isla y mudarte a Londres, Los Ángeles o incluso a la ciudad de Nueva York. A partir de ahí, puedes tener todo lo que desees.

—¿Cuánto tiempo tomará todo eso? —cuestionó el músico.

—Veinte, quizá veinticinco años —replicó el turista.

—Y después de eso, ¿qué pasaría?

—¿Después? Bueno, amigo; ahí es cuando se pone realmente interesante —comentó el turista con entusiasmo—. ¡Cuando te vuelves realmente grande, puedes comenzar a comprar y vender acciones o propiedades y ganar millones más!

—¿Millones...? ¿En serio...? ¿Y después de eso? —preguntó el músico.

—Después de eso, podrás jubilarte, vivir en un pequeño pueblo isleño cerca de la costa, dormir hasta tarde, trabajar un poco, jugar con tus nietos y pasar tiempo con tu pareja. Durante el día, puedes ir a la ciudad a ver a tus amigos, pasar tiempo en la naturaleza, meditar y disfrutar de la vida...

—Con el debido respeto, señor, eso es exactamente lo que estoy haciendo ahora... Entonces, ¿qué sentido tiene perder veinticinco años? —preguntó el músico.

La moraleja de esta historia es la que ya anticipaba: a veces menos es más y a veces más es menos. Lo importante es saber a dónde vas en la vida, porque es posible que ya estés ahí. Tienes que saber al menos a dónde quieres ir, puede que no estés tan lejos. Estrésate menos y disfruta más.

Piensa menos en el futuro y pasa más tiempo en el ahora.

No hay nada de malo en esforzarte por ser la mejor versión de ti mismo, pero no dejes que tus expectativas aún no cumplidas determinen tu valor en la vida.

Cuando me preguntan cuál es mi definición del éxito, respondo que éxito es saber a dónde vas en la vida y disfrutar cada día que pasas tratando de llegar ahí.

Esta es la historia del origen del método DMS, la historia de cómo descubrí lo que realmente importa en mi vida.

Espero que estas páginas te hayan ayudado a conocerte mejor y a entender el camino que quieres seguir. Mi objetivo con este libro es uno: ayudarte a vivir una vida de *cracks*, alimentada con un propósito profundo y de la cual te sientas tremendamente orgulloso. Con este libro, tienes mi guía. Ahora, lo que le sigue: claridad, acción y compromiso te toca a ti.

Haz mucho, sí, pero haz lo que importa.

Epílogo

Una vida de *cracks*

¿QUÉ ES UNA VIDA DE *CRACKS*?

Esa mañana me encontraba en el país donde todo es "pura vida" y era curioso, porque justamente así es como yo me sentía: lleno de vida.

Al terminar mi conferencia en aquel salón del hotel en Jacó, Costa Rica, la mujer que me invitó a dar esa ponencia, una alta ejecutiva de la industria farmacéutica responsable de los mercados de Centroamérica y el Caribe, se acercó para platicar conmigo. Su semblante era muy revelador, lleno de plenitud y alegría a la vez.

Asumí que su acercamiento era parte del protocolo, ese acto de cortesía en el que me agradecería por la conferencia y me estrecharía la mano en señal de reciprocidad. Pero no fue así, por el contrario, me abordó para hacerme una confesión que no esperaba: "Quiero que sepas que después de leer tu libro tomé una decisión muy difícil y trascendental en mi vida".

Dicha advertencia captó instantáneamente mi atención. Me dijo que había decidido divorciarse después de veinte años de matrimonio, porque ya no era feliz. Gracias a la decisión, por primera vez en dos décadas se sentía empoderada en su vida, libre, enfocada en sus metas y capaz de hacer cualquier cosa que se propusiera. Además de la empatía que me provocó, me sentía emocionado de ver una vez más el resultado tangible del método DMS y entender el verdadero impacto que ha tenido este libro. Ya no solo eran los cientos de comentarios de agradecimiento que recibía todos los días en Instagram, ahora tenía frente a mí un testimonio profundo y real. "¡El método funciona!", pensé.

Varias cosas han pasado desde que inicié este proyecto y debido a testimonios como ese, hoy puedo ver con mucha más claridad que el método DMS es realmente un vehículo para modificar vidas; no solo la mía, sino la de personas que no conozco, que no vienen de donde yo vengo y que no han tenido una vida como la mía.

Hoy parece muy lejana aquella época en la que mis ahorros estaban por acabarse, cuando el dinero que producían mis emprendimientos no era tan destacable como lo presumía *Forbes*. Aquella en la que mi percepción de mi vida era tan negra que originó la pregunta que lo cambió todo: "¿Oso, por qué odias tu vida?".

Hoy la pregunta es radicalmente distinta. Es una que me hago todos los días y que me cuestionan propios y extraños en cualquier escenario que piso, como lo hice ese día en Costa Rica: ¿cómo se ve una vida de *cracks*?

Para ser honesto, no estoy seguro de que haya una respuesta correcta; de hecho, el significado de esa palabra, *crack,* lo descubro y redefino todos los días. Sin embargo, en esta etapa de mi vida, mi versión de una vida de *cracks* tiene que ver con las tres cosas más importantes para mí: mi pareja, mis relaciones y mi carrera… Sí. ¡La respuesta definitivamente tiene que ver con eso!

En esas tres prioridades que definí en mi estrella de la vida obtuve resultados extraordinarios en el último año. Hoy empiezo a entender el significado de la palabra "éxito" y a diferencia de lo que mucho tiempo creí, puedo confirmar que tiene poco que ver con el dinero. Lo que antes parecía una idea surrealista sobre la persona en la que me quería convertir como esposo, padre, amigo y empresario, hoy es una realidad gracias al método DMS.

Así que a un año de haber publicado *Haz lo que importa,* hago esta reflexión para entender cómo es que el método me ha ayudado a llevar mis tres grandes prioridades —amor, relaciones personales y carrera— al siguiente nivel en mi vida.

Amor

En el libro mencioné que uno de mis grandes propósitos era llevar mi relación de pareja al siguiente nivel. Para hacerlo, decidí adoptar la identidad de casanova, el histriónico personaje conquistador en mi relación amorosa. Ese casanova capaz de seguir cautivando a la persona que ha sido mi gran compañera en el camino de la vida: mi esposa; es ella quien figura como un juez de la transformación. Hoy nuestra relación está más fortalecida que nunca y "seguir creciendo" es el mantra que nos ha permitido sentirnos más felices y conectados el uno con el otro. Hemos hecho nuevos acuerdos, compromisos y ciertos cambios que nos han ayudado a llevar nuestra relación de un 8 a un 9.5 en nivel de satisfacción.

Por ahí se dice que no hay que mezclar negocios con placer, sin embargo, tras haber roto una de mis creencias más arraigadas, hoy puedo decir orgullosamente lo contrario. Deshacerme de una creencia tan limitante me permitió llevar mi relación con Lucila a un nuevo lugar, pues ya no solo es mi esposa, sino que se ha convertido en mi actual colaboradora y pieza clave en una de mis empresas. Este nuevo camino me ha permitido aprovechar su talento como profesional para que el negocio crezca y, aún más importante, ha elevado nuestro nivel de confianza, empatía y comunicación a una nueva dimensión. Ya no se trata únicamente de resolver problemas que tienen que ver con los hijos y asuntos de la casa, ahora hemos evolucionado de tal manera que tenemos conversaciones que nos hacen conocernos mejor, respetarnos más y hasta encontrarnos más atractivos.

Nuestra convivencia se ha vuelto más dinámica. Hemos descubierto nuevos *hobbies* que compartimos juntos y cada martes, muy temprano, nos salimos de la rutina para pasar un rato juntos hablando, caminando y contemplando mientras intentamos mejorar nuestro golf. Así pasamos nuestras horas de la mañana con la deliciosa sensación de pisar un pasto recién cortado, conectando con la naturaleza y haciendo lo que a veces parecía tan difícil: pasar un momento juntos a solas.

Por otro lado, la opción de tomar terapia de pareja también la hemos hecho parte de nuestra conversación, y no porque estemos mal, todo lo contrario; lo hacemos para estar mejor.

Mi versión de casanova terminó siendo muy distinta a la que probablemente tú tienes en mente, pero es, sin duda, una versión que a mí me gusta más.

Relaciones personales

Después de años enfocado en el trabajo y la familia, sentía que me había aislado del mundo. Mi círculo se había hecho más pequeño y había dejado de nutrir un aspecto de mi personalidad que durante mi juventud había disfrutado mucho, mi lado social.

Mi objetivo en este último año era desarrollar una notable mejoría en mis relaciones personales y, siguiendo el método DMS, me visualicé adoptando una identidad de "conector". Inicialmente me fijé una meta de conocer y convivir con veinticinco personas interesantes en un año; personas que estuvieran fuera de mi círculo cercano o que no conociera aún, pero mi iniciativa evolucionó a algo verdaderamente increíble.

Pensando en eficiencia, experiencia y profundidad, decidí probar y sistematizar un concepto que bauticé como "mesas de *cracks*". Las mesas de *cracks* son cenas mensuales que hago en mi casa a las que convoco a un grupo de personas con distintos intereses, círculos sociales y perspectivas para conocerse y compartir ideas, muy al estilo de la famosa *Jeffersonian Dinner*. Este era un evento organizado por Thomas Jefferson, donde los más ilustres líderes y personas influyentes de su tiempo se reunían para discutir sobre ideales y propuestas, siempre acompañados por el exquisito gusto de la cocina francesa, de la cual era fanático el legendario republicano.

La dinámica es muy enriquecedora y altamente efectiva. De hecho, a Heidi Roizen, una ejecutiva de un fondo de capital en Silicon Valley que solía realizar este tipo de eventos en su casa, se le considera en el ecosistema emprendedor de Estados Unidos como el "engrudo", por la capacidad que tiene de conectar a la gente correcta para hacer el negocio correcto, a través de un formato de reuniones informales.

Lucila y yo replicamos esta gran práctica e hicimos nuestra propia versión de cena jeffersoniana, en la que somos los afortunados anfitriones. Hemos modificado un espacio de nuestro hogar para ofrecer una gran experiencia a nuestros invitados. Así pues, nuestro comedor se convierte en un foro de personas que agregan valor los unos a los otros por la diversidad de sus personalidades, habilidades, conocimientos e intereses. Hemos recibido a participantes de toda índole: atletas, emprendedores, artistas, empresarios... todos con las ganas e iniciativa de sumar con sus experiencias. En otras palabras, nuestra casa se llena de puros *cracks*.

El protocolo de la cena consiste en la presentación de cada uno de los participantes, quienes disponen de ocho minutos para compartir de forma muy genuina y transparente quiénes son. Posteriormente, se lanza una pregunta acerca de un tema en el que todos contribuyan y enriquezcan la conversación con sus aportaciones. La idea es que se tenga solamente una conversación central en la que todos participen. Los temas que hemos tratado son tan diversos como nuestros invitados pero, eso sí, todos y cada uno de ellos le han dejado a los participantes aprendizajes valiosos y la oportunidad de conocer nuevos amigos de una forma más profunda.

"¿Cuál es el cambio más grande de tu año? ¿Cuál es la decisión más importante o tu fracaso más profundo?", este es el tipo de cuestionamientos que rigen la conversación de la noche. La energía en los distintos grupos siempre es diferente pero intensa, así que mi plan es seguir siendo este conector que me propuse ser, buscando siempre formas originales y creativas de hacerlo.

Te comparto esto porque creo que puede ayudarte a mejorar tu *network* y conocer a nuevas personas de valor. Yo mismo tuve la oportunidad de ser participante de una cena como estas hace ya varios años y creo que se quedó latente en mí la posibilidad de algún día poder replicar un evento tan enriquecedor.

En 2011, Raúl Ferráez, CEO de la revista *Líderes Mexicanos*, me invitó a cenar a su casa como parte de un proyecto que tenía. Por supuesto que me sentí muy privilegiado ante la invitación. Esa noche se encontraban en la mesa junto conmigo personalidades como Facundo, Claudio Cervantes, Rommel Pacheco y Paulina Sodi, entre otros. De esa cena con extraños han surgido amistades que siguen vigentes hasta la fecha.

La meta que me propuse de comer con veinticinco personas cada año ha sido enriquecida con una cena mensual con ocho *cracks*. La lista de personas con las que he podido compartir botellas de vino y grandes conversaciones sigue creciendo y con ella mi potencial para alcanzar mi gran maná.

Carrera

Si estás leyendo esto, sabes que mi vida profesional ha sido una de muchas identidades: empacador de supermercado, modelo, vendedor de seguros, banquero, emprendedor, consultor y hasta conferencista, pero había algo que siempre había querido agregar a la lista: inversionista.

Yo quería ser parte de la nueva ola de emprendimientos tecnológicos en Latinoamérica desde otra trinchera, pero por muchos años mi sueldo de emprendedor no me dio los recursos suficientes para participar como inversionista. Como parte de mi ejercicio de la estrella de la vida, hace un par de años me propuse invertir en algunas empresas a título personal; gracias al plan que desarrollé usando el método DMS, me convertí en ángel inversionista de cinco empresas lideradas por grandes emprendedores y con un alto potencial de crecimiento.

Pero mi cartera era limitada y si quería tener más impacto y ayudar a emprendedores a crecer tenía que hacer algo más audaz.

Uno de mis invitados al podcast, dedicado al mundo de las inversiones, me dijo algo que se me quedó grabado en la mente. Me contó que un día abrió un libro y en la página vio un mensaje que decía que la única forma de generar riqueza es utilizando el dinero de otros. Así que él buscó la forma de apalancarse del dinero de otras personas para crear fondos de inversión y así potenciar negocios. Siempre lo tuve en la mente, pero nunca me visualicé como un inversionista profesional.

Cuando volví a realizar el ejercicio de mi estrella de la vida y elegí el área profesional como una de mis tres áreas de enfoque, después de lograr convertirme en ángel inversionista el año anterior, me di cuenta de que el siguiente paso natural en mi vida era justo ese: identificarme como inversionista.

Asumí esa identidad y decidí ponerme como meta lanzar un fondo de cinco millones de dólares para invertir en *startups* de tecnología en México y Latinoamérica.

Por supuesto la tarea no fue nada fácil, pero creé un plan para actuar con las características de esa persona en la que me quería convertir y, haciendo uso de mi experiencia como emprendedor, me enfoqué en atraer capital de inversionistas al fondo.

Averigüé todo acerca de cómo estructurar y operar fondos de inversión, me acerqué a mentores, amigos, invitados del podcast y hasta extraños para entender la mejor manera de preparar mi propuesta y lograr mis metas. Inicialmente consideré una sociedad, pero cada conversación solo complicaba las cosas y alargaba los tiempos para materializar mi objetivo. La realidad es que buscaba algo sencillo de administrar y que me permitiera enfocarme en mi tiempo genio, conocer y ayudar a emprendedores. Así que llegué a la conclusión de aventurarme solo: sin una estructura complicada, sin empleados, sin analistas y sin un equipo administrativo que generara fricción con el objetivo general del fondo.

Elimina, simplifica, automatiza y delega: los cuatro filtros del embudo del enfoque en acción.

En mi investigación supe de AngelList, una plataforma desarrollada por Naval Ravikant, uno de los inversionistas ángeles más activos de Silicon Valley, diseñada para ayudar a nuevos inversionistas a lanzar un fondo sin toda la carga administrativa. Ellos me ayudaron a armar la estructura legal del fondo para invertir en empresas latinoamericanas. Y así la mesa estaba puesta.

Mientras estoy escribiendo este epílogo y a menos de tres meses de su lanzamiento, Cracks Fund, como llamé al fondo, está prácticamente levantado en su totalidad. Entre sus inversionistas se encuentran muchos de los mejores emprendedores de Latinoamérica, invitados a mi podcast, algunos de los inversionistas profesionales más exitosos de la región, fundadores de unicornios y miembros de Cracks Mastermind, mi comunidad de empresarios.

Cracks Fund ya está apoyando a algunas de las empresas con mayor potencial en el continente y sigo en la búsqueda de *startups* que puedan convertirse en el siguiente unicornio. El camino apenas comienza, pero me siento sumamente agradecido, optimista y emocionado por seguir construyendo una nueva etapa de mi carrera profesional.

Si pudiera resumir el conocimiento más poderoso que adquirí en este último año de mi vida, sería el siguiente: nunca es tarde para convertirte en la persona que quieres ser. Fijar metas, diseñar un plan y trabajar con gran enfoque en lograr tus objetivos rinde todos los frutos que puedas imaginar. Cuando tengo mis metas en mente, priorizo mi vida acorde a ellas sin piedad y dedico mi energía a hacer lo que importa, recibo á cambio todo el tiempo que necesito para disfrutar de cada día que trabajo en perseguir mi propósito.

Mi vida hoy es diferente, porque yo soy diferente. Hoy tengo libertad para hacer cosas para las que nunca creí que habría tiempo. Hoy paso las mañanas de cada martes en un campo de golf con mi esposa, sin remordimientos. Hoy abro las puertas de mi casa a personas a las que admiro y con quienes nunca soñé compartir una cena. Hoy tengo un impacto exponencial al utilizar el apalancamiento de mi equipo, la tecnología y el capital de inversionistas para potenciar a los emprendedores que están construyendo el mundo del futuro.

Hoy estoy viviendo mi vida de *cracks*, y no la vivo porque yo sea especial, ni significa que esta deba ser la definición de la tuya. La vivo porque tengo un método que me ayuda a diseñarla; porque todos los días los vivo con intención; porque aunque siento miedo, me atrevo; porque aunque hay tentaciones, las resisto; y porque la opinión que más me importa sobre lo que yo hago es la mía. Y, lo creas o no, todo esto también lo puedes hacer tú.

Now, go. Do meaningful shit.

Crack del tiempo

Si quieres ir rápido, ve solo;
si quieres ir lejos, ve acompañado.

PROVERBIO AFRICANO

En uno de los primeros episodios de *Cracks Podcast*, hablé con una *coach* de sexualidad energética, Bibi Brzozka, quien empezó su vida profesional en el mundo de las finanzas. Cuando me platicaba de su transformación de pensamiento me dijo: "Oso, el camino del desarrollo personal es muy solitario" y si algo he aprendido en los últimos años es que puede serlo, pero que no tiene por qué ser así.

Escanea el código para escuchar el episodio de *Cracks* con Bibi Brzozka.

Como parte de mi misión por inspirar a millones de hispanos a vivir vidas más grandes, desarrollé *Crack del tiempo*, un programa completo de diseño de vida y productividad con el que busco acompañar, paso a paso, a quien quiera implementar el método DMS a profundidad en su vida, usando audiolecciones, ejercicios prácticos y visualizaciones grabadas.

El camino ha sido fascinante. He tenido la oportunidad de crear una gran comunidad de cientos de miles de personas que, como tú, quieren una vida de *cracks*, y de los que aprendo cosas nuevas todos los días.

Si quieres tener acceso a todas las herramientas del método DMS y además reunirte conmigo una vez al mes para mentorías de diseño de vida y productividad, obtén tu acceso escaneando el siguiente código:

Y como me despido cada semana en *Cracks Podcast*... eso es todo por hoy, yo soy Oso Trava y espero que tengas una vida de *cracks*.

Agradecimientos

Este libro es una foto de quien soy en este momento de mi vida y hay varias personas a quien quiero agradecer, ya que sin ellas este momento no habría sido posible.

Primero a mi esposa Lucila, la mujer que más me ha apoyado y que con una sola pregunta me hizo abrir los ojos. Te amo con toda mi alma, me haces ser mejor persona y me mantienes real. A mi mamá, quien me enseñó el valor de la persistencia y que alguien puede reinventarse cuantas veces quiera y a la edad que quiera. A mi socia en InstaFit, Natalia, que por ocho años me ha suavizado las esquinas y me ha hecho un mejor líder. A mi equipazo de Cracks Education, quienes me han permitido explorar todas mis locuras (como escribir este libro) y siempre están ahí para ayudarme a hacerlas realidad. ¡El impacto es real, *team*! A Alex Pacheco, a quien conocí por suerte y me ayudó a aterrizar años de aprendizaje y decenas de horas de pensamiento. Eres un *crack*. A los más de ciento cuarenta *cracks* que me han regalado su tiempo y abierto sus mentes para responder mis preguntas más tontas y demostrarme que no estoy tan pendejo. Gracias por hacerme crecer. A las cientos de miles de personas que escuchan *Cracks Podcast* y consumen mi contenido en redes sociales por ayudarme a enfrentar mis miedos más grandes. Y a ti que estás leyendo esto, que decidiste abrir los ojos y empezar a ponerte a ti primero. Haz lo que importa, y lo que importa solo lo decides tú.

Haz lo que importa de Oso Trava
se terminó de imprimir en el mes de febrero de 2024
en los talleres de Diversidad Gráfica S.A. de C.V.
Privada de Av. 11 #1 Col. El Vergel, Iztapalapa,
C.P. 09880, Ciudad de México.